これからのリーダーに贈る17の言葉

Lead yourself first,
so you will find your followers.

Tsuneo Sasaki
佐々木常夫

WAVE出版

志に従う者が、真のリーダーとなる。

はじめに

リーダー不在の時代——。

昨今、よく耳にする言葉だ。

たしかに、世の中を見渡すと、「本物のリーダー」といえる人物は数えるほどしかいない。政治のリーダーである首相はめまぐるしく交代する。いずれも一国の首相とも思えぬ言葉の軽さや、首尾一貫しない行動に落胆させられたものだ。経済界にあっても、およそ数千人、数万人のトップとは思えぬ社長が続出。不祥事を起こしたり、企業運営の不手際をさらけだす例があとをたたない。

時は国難である。デフレ、破綻寸前の財政、急速な少子高齢化……。これら難題が山積するなかで東日本大震災が起き、私たちは原発問題まで抱え込んでしまった。

今ほど、「本物のリーダー」が求められる時代もないだろう。だからこそ、メディアはさかんに「リーダー不在」を問題にする。そして、私もそのことには頷かざるをえない。ただ、私は、リーダーの地位にある人たちの非をあげつらったり、したり顔で「リーダー不在」を嘆く論調にはくみしない。

なぜなら、リーダーシップとは、権力者や組織のトップにのみ存在するものではないからだ。本来、リーダーシップの有無は、権力の有無とは無関係であり、私たち一人ひとりが、その〝持ち場〟において発揮するものだと私は考えているのだ。課長であろうが、新入社員であろうが、主婦であろうが、高齢者であろうが、リーダーシップを発揮している人はいる。どんなところにもリーダーはいるし、誰でもリーダーになれる。これが私のリーダー論である。

だから、リーダーシップは他者に求めるものではない。「リーダー不在」を〝他人事〟として語ることはできないのだ。むしろ、自らに問いかけなければならない。自分は、リーダーたりえているか、と。

私は、東レという会社で約40年間勤めたビジネスマンである。

主に企画や管理などいわゆる「スタッフ部署」を歩み、取締役を務めたあと、東レの子会社である東レ経営研究所の社長となった。この間、赤字事業・会社を再建したり、新事業の開発や海外事業の展開などの陣頭指揮をとってきたほか、東レ3代の社長に仕える機会にも恵まれた。それは、リーダーシップの重要性を痛感するとともに、さまざまなリーダーシップのあり様に触れる貴重な経験だった。

一方、家庭では数多くの苦難が訪れた。長男は自閉症をもって生まれ、彼をサポートするために多くの時間を費やさなければならなかった。その後、妻は肝臓病を患い入退院を繰り返すようになり、家族に負担をかけていることを気に病んだことからうつ病も併発。その過酷な運命に、絶望的な気持ちになったこともあった。

その後、妻のうつ病は少しずつ快方に向かい、今はほとんど完治したと言っていい状態である。厳しく辛い経験を乗り越えた彼女が、かつて元気だったころよりもさらに快活に生きる姿に私は感動すら覚えている。

私は、一貫して家族のリーダーとして精一杯の努力をしてきたつもりだった。しかし、いま、振り返ってみれば、妻をはじめとする家族に、「リーダーとは何か」について教えてもらったような気がしている。

本書は、こうした経験を踏まえながら、私なりの「リーダー論」をエッセイとしてまとめたものである。経団連会長などを務めた土光敏夫氏、宅急便事業を成功させたヤマト運輸の小倉昌男氏をはじめ、私が「本物のリーダー」として敬愛する先人の人生にも思いを馳せつつ筆を進めた。

これは、興味深くもあり、難しい挑戦でもあった。

リーダーとは「リードする人」、すなわち「人々を率い、導く人」である。ただし、力づくで率いるのではない。あくまでも人々が自主的に、喜んでその人に付き従おうとしなければ本物ではない。

しかし、このリーダーシップは「目に見えないもの」であり、かつ「計測できないもの」である。しかも、その人がリーダーであるかどうかを決めるのは本人ではない。周りの人がそう認めたり、感じたりしたときにはじめてリーダーたりうるのだ。リーダーシップとは、実にとらえどころのないものなのだ。

ただ、少なくとも私は「自分のリーダー」として生きてきた自負はある。そして、この本を書くことで、それこそリーダーシップの本質であり出発点であることを確信した。なぜなら、「自分を高めたい」「社会に貢献したい」といった「志」に献身する姿が周りの人の共感を呼び、その人たちが力を貸したい、力になりたいと思ったとき、はじめてリーダーシップが生まれると考えるからだ。
つまり、リーダーシップの核心は「志」にあるのだ。

「リーダーシップは生来のものに由来する」と言われることもある。たしかにそうした面も否定はできない。しかし、私はリーダーシップとは「生き方」によって生まれ、磨かれるものだと考えている。さまざまな苦難にもまれ、それを乗り越えていく過程で培われていくものだと思うのだ。

ただし、リーダーシップを身に付けるための「ノウハウ」はない。リーダーとは「どうやるか」ではなく、「どうあるか」という問題である。結局のところ、リーダーシップとは「生き方」そのものである、としか言いようのないものなのだ。

ぜひ、読者の皆様に、私の考える「リーダーという生き方」をご理解いただき、「自分のリーダー」として真剣に人生や仕事に立ち向かってほしいと願っている。そんな仲間が増えていったとき、きっと、私たちは「本物のリーダー」を生み出すことができる。そして、国難をも乗り越えていけると信じている。

佐々木常夫

これからのリーダーに贈る17の言葉◉目次

第1章 自分自身のリーダーであれ

第2章 自分の頭で考え抜く

第3章

本物の自信をもつ

第4章 「志」を旅せよ

［装丁］奥定泰之
［ＤＴＰ］ＮＯＡＨ
［編集］田中泰

第1章

自分自身のリーダーであれ

己のなかに、熱意を抱け。

1

Lead yourself first,
so you will find your followers.

あれは、私がまだ役職につく前のことだった。

残業中に気がつくと、後輩の女性が涙を流しながら仕事をしていた。わけを聞くと、彼女はくやしさをにじませながらトツトツと話してくれた。

その日、彼女は学生時代からの友人と、京都の風物詩である大文字焼きを見にいくはずだったのだという。半年前から計画していたもので、鴨川沿いの桟敷も予約するなど万全の準備をしていた。

私たちが所属していた部署は東レのなかでも最も忙しい部署のひとつだったため、連日のように残業が続いていた。そんななか、彼女は不満を口にすることもなく、毎日、一生懸命に働いていた。だからこそ、その日のことを心から楽しみにしていたに違いない。

彼女は几帳面《きちょうめん》な女性だったから、抜かりはない。所属長に対して、「○月○日は、友人と大文字焼きを見に行く予定なので残業はできない」ということを3か月前には伝えていた。1か月前、1週間前にも同じことを伝える念の入れようだった。

ところが、当日になって所属長は翌日に行われる定例の管理会議に提出する書類に、どうしても追加したい資料があるということで、彼女に残業してほしいと言いだしたのだ。

もちろん、彼女は抗弁した。

「私には今夜大事な予定があって、今日は残業できないということは、これまでも何度もお伝えしてきました。申し訳ございませんが、今日は早く帰らせていただきます」

これに対して、所属長は何と言ったか。

「大文字焼きは毎年やっている。来年行ってくれ」

そして、翌朝の会議の重要性をとうとうと説いたという。

結局、彼女は友人に大文字焼きには行けないことを連絡したうえで、上司に指示された資料づくりを始めるほかなかった。

この話を聞いた私は、言いようのない怒りを感じた。

直前になって追加の資料が必要になるとは、所属長自身の判断ミスではないか。それに、その資料は翌月の管理会議に提出してもよい性格のものだった。にもかかわらず、彼は、部下が楽しみにしていたプライベートの時間を奪ったのだ。

私は、彼女を慰めながら、「自分は決して、このような部下の心を踏みにじるようなリーダーにはなるまい」と強く思ったものだ。

「リーダーとは、人を動かして「結果」を出す人である――」。

これは、よく言われる「リーダーの定義」だ。

まったくもって、そのとおりである。リーダーはプレーヤーではない。部下を育て、部下を使って仕事をするのがリーダーだ。

そして、組織においては、リーダーに人事権をはじめとする「武器」が手渡される。それを使って、部下を動かせというわけだ。

もちろん、現実に組織を動かすときに「武器」は欠かせない。

それを象徴するのが、中坊公平さんの「正面の理、側面の情、背面の恐怖」という言葉である。

言うことを聞かない部下がいれば、きちんと理を尽くして従うように説得をするとともに、従いづらい理由があるならば、その心情にも理解を示す。それでも言うことを聞かないならば、「わかっているな？」ということである。「恐怖」はできるだけ使ってはならないが、これがなければリーダーの仕事ができないのは否定しようのない現実である。

しかし、この「武器」は諸刃の剣である。

これに頼りすぎると、リーダーはその本来の力を失ってしまうからだ。


そもそも、社長であれ、部長であれ、課長であれ、上司という存在は、「武器」を使わずとも部下に対して威圧感を与えているものだ。冒頭の所属長もあからさまに「武器」を使用したわけではない。しかし、彼女はその理不尽な要求に応えざるをえなかった。それは、彼女には「武器」が見えていたからだ。


たしかに、彼女は求められた仕事をやりはした。しかし、それで本当の意味で、所属長は〝部下を使って仕事をした〟ことになるだろうか?

私は、ならないと考える。

なぜなら、そこには自発的な「やる気」と「達成感」と「連帯感(信頼感)」がないからだ。

私は常々、仕事の成果を左右するのは能力ではなく熱意だ、と言ってきた。そして、熱意を生み出すのは、一緒に働く人たちとの信頼関係であり、「その人たちと一緒に仕事をするのが楽しい」という気持ちなのだ。

しかし、彼は本来職場の信頼関係を醸成しなければならない立場にあるにもかかわらず、そのいちばん大切なものを壊してしまったのだ。

これは、本来のリーダーの姿ではない。

むしろ、彼は、見えざる「武器」で、自らのリーダーシップを傷つけてしまったと言えるだろう。


私は、何も今さら彼のことを非難するつもりで、こんな話を持ち出したわけではない。ある意味で、彼は犠牲者であるとすら思っている。なぜなら、日本の多くの組織には、この小さなエピソードに象徴されるような出来事がいくつもあるからだ。おそらく、彼も上司の見えざる「武器」の力に従ってきたのだ。そして、「リーダーとはそういうものだ」と思うようになってしまったのだろう。

実際のところ、それでも組織はそれなりに機能してしまうという側面もある。特に、ビジネスモデルがある程度できあがっている大企業においてその傾向が顕著に見られる。

しかし、そのために熱意や信頼が失われているとすれば、それは組織の発展に大きな損失を与えていると言わざるをえない。

おおげさに言えば、これが、現代日本を覆っている閉塞感の原因のひとつであるとすら思う。

私が、いま一度、リーダーシップの本来の姿を見つめ直す必要があると感じる所以《ゆえん》である。

では、リーダーシップとは何であろうか？

私は、それをより純粋なかたちで教えてくれるのは、権限という「武器」をもたない人々の行動であると考えている。

ひとりの女性を紹介しよう。

会社で私の後輩にあたる佐々木直美さんである。

彼女は入社2年目のときに家庭用浄水器「トレビーノ」の販売担当になった。まだ試作の段階で名前もついていないころのこと。売上げゼロからのスタートだった。

今では、東レの主力商品のひとつとなっているトレビーノだが、当時はまったく売れなかった。というのは、水道の蛇口をひねればおいしい水が飲めるのが当たり前の時代。ミネラルウォーターすら販売されておらず、水にお金をかけるという概念がなかったのだ。

それだけに、当時の営業マンは苦労の連続だった。全国の百貨店や問屋にトレビーノを扱ってもらえるよう売り込んで回ったが、ほとんど門前払いの状況だったという。作戦を変えて、手作りチラシ3000枚を団地にポスティングしたこともあったそうだが、それでも、はかばかしい成果は得られなかったようだ。

そんな不遇の時期を過ごしていた彼女にチャンスが訪れたのは約10年後のことだ。あるアメリカ企業が、日本製の家庭用浄水器を発注するための市場調査に来日するという情報を得たのだ。彼女はすぐに動いた。競合他社がどこかを調べ上げ、昼間の商談だけでは迫力に欠けると判断。調査チームが帰国する当日の早朝にホテルに出向き、徹底的に自社品との比較対照に力点をおいたプレゼンをおこなった。そして、ついに大量受注を獲得することに成功するのだ。

しかし、それは困難な仕事の幕開けでもあった。

短期間に生産ラインを増設する必要があったからだ。工場の説得、人員の確保、予算の確保……。やるべきことは山積《さんせき》していた。しかし、彼女は営業で多忙のなか、電話一本ですますようなことはせず何度も工場に出向いたという。そして、いよいよ納期が迫った時期に生産の人手不足の話をきいて、自ら生産ラインに入って手伝うということまでしたのだ。

日勤のみならず夜勤にも入り、一日12時間ひたすらラインに立った。パートが足りないとなれば、工場の裏門で社員に自らビラを渡して、臨時のパート募集に協力を呼びかけた。そして、残業で頑張ってくれる主婦のパートにシュークリームやスイートポテトを差し入れたという。

フル稼働の工場現場では、みな疲労困憊だったが、この佐々木さんの姿勢に一気に士気はあがったという。工場長は涙を流して喜んだと聞いている。そして、約束どおりにトレビーノを納品することを成功させる。このような生産、販売の連帯感がトレビーノ躍進の原動力となっていくのだ。

この快挙の原動力となったのは、「なんとしてもトレビーノを成功させたい」という彼女の一途な思いと行動だった。そんな彼女の姿が、周りの人の共感を呼び、

「力になりたい」「力を貸したい」という気持ちと熱意を引き出したのだ。

私は、これこそがリーダーシップだと思う。

本来、人を動かすのに「武器」は必要ない。

いや、そもそも「人を動かす」という発想自体が、リーダーシップの本質からはずれているのかもしれない。

大切なのは、己のなかに「自分の志をなんとしても実現したい」というピュアな思いがあるかどうかなのだ。

そして、つらくても、苦しくても、その思いをとげるために自らを、その志に向けてリードし続けることができるかどうかなのだ。

その思いが本物であれば、きっと周りの人は動き出す。

そのとき、私たちは初めてリーダーシップを発揮することができるのだ。

リーダーとは、
「志」に従う者である。

2

Lead yourself first,
so you will find your followers.

「私は、一介のチョーク屋ですから」

念願かなってお会いした日本理化学工業の大山泰弘会長は、微笑みを浮かべながらそうおっしゃった。御年79歳。私のちょうどひと回り上の大先輩である。出版社の依頼で大山さんとの対談に臨んだ私は、その謙虚なたたずまいの奥に隠された静かな威厳に襟を正される思いがした。

日本理化学工業（社員73人）は、知的障害者雇用割合7割を超えるチョーク製造会社である。『日本でいちばん大切にしたい会社』（坂本光司著、あさ出版）で紹介されたことで一躍脚光を集めたが、それまで50年にもわたって、社会に知られることもなくコツコツと知的障害者雇用を続けてきた。横浜市自閉症協会の副会長をしながら、自閉症である長男の働き場所を探ってきた私には、そのご苦労が痛いほどわかる。まさに、「奇跡」というべき会社である。それだけに、私は大山さんとお会いするのが楽しみだった。奇跡を実現したリーダーシップとはどんなものなのか、それがわかる絶好の機会だと思ったからだ。

対談のテーマは多岐にわたった。障害者雇用を始めたいきさつ、働く意味、強いチームのつくり方、人を育てる方法……。ご自分の経験を踏まえながら話される大

山さんの言葉はたいへん興味深く、対談は大いに盛り上がった。そのなかで、ひときわ印象に残る言葉があった。それは、

「私は、これまでの人生を導かれるように生きてきました」

というひとことだった。

この言葉に大山さんのリーダーシップの本質があるような気がしたのだ。


実は、大山さんははじめから知的障害者に理解のある方ではなかった。むしろ、無理解からくる偏見をもっていたという。

1959年のある日、養護学校の先生が大山さんの会社を訪れ、生徒の就職を依頼されたときには、「そんな、おかしな人を雇ってくれなんて、とんでもないですよ。それは、無理なご相談です」とおっしゃったそうだ。「痛恨の思い出」と話される。

ところが、あきらめずに三度も訪れた先生の熱心な姿勢に心を打たれ、2週間限りという条件で、ふたりの少女の就業体験を受け入れることにした。ここから、大山さんの人生は少しずつ動き出す。

知的障害をもつふたりの少女はひとこともロをきかず、無心で仕事に励んだ。お

昼休みのベルが鳴っても手を止めようとせず、「もう、お昼休みだよ」と肩をたたいてやっと気づくほどだったという。

2週間はあっという間にすぎた。「無事にふたりを返さねば」と思っていた大山さんは内心ホッとしたという。しかし、ひとりの女性社員がやってきてこう言った。「こんなに一所懸命やってくれているんだから、ひとりかふたりだったらいいんじゃないですか。私たちが面倒をみますから、あの子たちを雇ってあげてください」

とまどう大山さんに、その社員は「これは、社員の総意です」と迫った。「ほんとにいいの？」と念を押すと、「大丈夫ですよ。だんだん慣れてくるはずですから」とにこやかに応える。その笑顔に観念した大山さんは、ふたりの少女を正式採用することに決める。もちろん、このときも本格的に障害者雇用をするおつもりはなかった。「ふたりなら、なんとかなる」という思いだったのだ。

ところが、もうひとつの出会いが大山さんの人生に決定的な影響を及ぼすことになる。それは、とある方の法要で禅寺を訪れたときのこと。ご祈祷がすみ、参集者のために用意された食事の席で待っていると、たまたま隣の座布団にご住職が座った。何か話しかけねばと思った大山さんの口をついて出たのは、こんな質問だった。

「うちの工場には知的障害をもつふたりの少女が働いています。施設にいれば楽ができるのに、なぜ工場で働こうとするのでしょうか？」

これは、大山さんがずっと考えていた疑問だった。ふたりの少女は、雨の日も風の日も、満員電車に乗って通勤してくる。そして、単調な仕事に全身全霊で打ち込む。どうしても言うことを聞いてくれないときに、困り果てて「施設に帰すよ」と言うと、泣いて嫌がる。それが不思議でならなかったのだ。

ご住職はこう答えた。

人間の幸せは、ものやお金ではありません。

人間の究極の幸せは次の四つです。

人に愛されること、

人にほめられること、

人の役にたつこと、

そして、人から必要とされること。

愛されること以外の三つの幸せは、働くことによって得られます。

障害をもつ人たちが働こうとするのは、
本当の幸せを求める人間の証なのです。

この言葉は、いわば啓示のようなものだった。

大山さんは思わず言葉を失ったという。

そして、こんなことを考えたそうだ。

たしかに、人は働くことによって、人にほめられ、人の役に立ち、人から必要とされるからこそ、生きる喜びを感じることができる。働くことが当たり前である健常者は、この幸せを意識することはない。しかし、意識していなくても、その幸せは心をずっと満たしてくれているのだ。

そして、この幸せは家や施設で保護されているだけでは感じることはできない。だからこそ、ふたりの少女はつらくても、しんどくても、必死になって働こうとするのだ。

このことに気づいた瞬間、大山さんの心の中には、「なんとしても、彼女たちが握り締めている幸せを守らなければならない」という強い決意がわきあがったという。

私は、そのとき大山さんは「志」と出会ったのだと思う。

大山さんは、それ以降、毎年、養護学校の卒業生を受け入れるようになった。「そんなに苦労はしていませんよ」と大山さんはおっしゃるが、そんなはずはない。当時は、まだ知的障害者雇用に関する公的な支援制度もない時代だ。社会からの理解も得られず、孤軍奮闘を強いられたに違いない。ときには、「障害者を安くこき使っている」という心無い非難の矢面に立たされたこともあったそうだ。

しかも、知的障害者に「戦力」になってもらうのは並大抵のことではない。たとえば、知的障害者は数字を理解することができない。そのため、チョークの材料をハカリで測量する仕事がどうしてもできなかった。何度、教えてもうまくいかない。さすがの大山さんも、サジを投げそうになったこともあったという。

しかし、ある日、彼らが色の識別ができることに気がつき、ひらめきが訪れた。そして、オモリに色を塗ることで、彼らにも簡単に測量できるようになることを発見する。その後、大山さんは、同じような発想で一つひとつの工程に工夫を加えていった。そして、何年も何年もかけて、ついには、ほぼ障害者だけでチョークをつくる工程を築きあげたのだ。

知的障害者と健常者のコミュニケーション・ギャップも問題だった。

たとえば、ある作業をしてもらおうと知的障害者に指示しても、そのとおりにできないことがある。慣れないうちは、「どうして、こんなことも理解できないんだ」などと考えてしまう。ときには、カッとしてしまうこともある。そんな健常者に、大山さんは「うまくいかないことがあっても、知的障害者のせいにすることはできないんだよ。彼らの理解力に合わせて、彼らがうまくできるように工夫するのが君の仕事なんだ」と粘り強く説き、励まし続けたそうだ。

そして50年――。

こうした地道な努力の末、現在の日本理化学工業はある。社員全員が企業理念に誇りをもち、新世代のチョークを開発するなど積極的な事業展開を続け、業界トップシェアを維持し続けている。また、大山さんの経営手法を学ぶために、連日のように全国から数多くの経営者が工場見学に訪れている。なかには、障害者雇用を志すようになる人もいるという。

大山さんは、会社のリーダーとしてだけではなく、社会のリーダーともいうべき存在になったのだ。

「こんなことができたのは、恵まれていたからですよ。学校という手堅い市場を相手にする商売でしたし、チョーク業界は市場規模も小さいために大手企業が参入するおそれもありません。だからこそ、障害者雇用を守り続けることができたのです」

そう謙遜されるが、仮にそういった外部環境に恵まれていたとしてもなかなかできることではない。

では、何が、大山さんを「本物のリーダー」にしたのだろうか?

従業員の言葉に耳を傾ける謙虚さ、障害者でも作業することができる手法を考える粘り強さ……。いくつもの要因を指摘することはできる。

しかし、その本質は、「導かれるように生きてきた」という大山さんの発言に現れているように思えてならない。「知的障害者に雇用の場を提供したい」という志に導かれるように生きてきたからリーダーになったのだ、と。

その志にひたすら献身する姿にこそ、社員や取引先なども共感して協力を惜しまなかったのではないだろうか？

そして、その姿が坂本光司先生の心を打ち、『日本でいちばん大切にしたい会社』という名著を書かせたのではないだろうか？

大山さんは、養護学校の先生、女性社員、ご住職、知的障害者に導かれるようにして志に出会い、その志を遂げようとご自身の意志で一歩を踏み出した。その行く手にはさまざまなカベが立ちふさがった。それでも、それらを乗り越えるために、ひたすら志を胸に歩み続けた。そして、ふと気づくと、周りにたくさんのフォロワーがついてきていたのだ。

だからこそ、あのような「奇跡の会社」が生まれたのではないだろうか。

老子にこんな言葉がある。

「率いるためには、従わなければならない」

私は、長年この言葉が気になっていたが、その意味するところがつかめずにいた。

しかし、大山さんの人生に触れて私なりに深く納得するものがあった。

率いる者、すなわちリーダーとは、志に従う者なのだ。

「無私」こそ、己を最大に活かす道である。

3

Lead yourself first,
so you will find your followers.

かつて、土光敏夫さんという人がいた。

戦後日本の復興を担った経済人で、私が「本物のリーダー」として敬愛する人物である。

エンジニアとしてキャリアをスタートさせた土光さんだったが、その後、石川島重工業の社長に就任して「造船世界一」の会社に育て上げる。その実績を買われて、1970年に減配が続いていた東芝の社長を要請されると、モーレツな仕事振りで率先垂範を示し経営再建を成し遂げた。その後、経団連会長として活躍したほか、第二次臨調会長として肥大化する行政の改革に尽力して、NTTやJRなど国営企業の民営化に道筋をつけるなど大きな足跡をのこされた。

一方で、生活は質素そのものだった。戦前に建てられた平屋建てに住み続け、バスと電車を乗り継いで出勤する。月の生活費は3万円もあれば足りたというから筋金入りだ。臨調会長をしていたときにNHKがオンエアした「八五歳の執念　行革の顔　土光敏夫」という特集番組で、土光さんと奥様が台所でメザシを食べているシーンが話題を呼んだことから、「メザシの土光さん」と親しまれた。

重厚な存在感をもつ人物であった。「大親分」の風格を備えていたとでも言えばいいだろうか。その人生は、豪気なエピソードで彩られている。

後に首相まで上り詰める福田赳夫にこう言わしめている。

「私は土光さんに怒鳴られっ放しだった。ドコウ（土光）さんではなくドゴウ（怒号）さんだ」

あるいは、監督不十分で事故を起こした一部上場企業社長に対して「社長を辞めたらどうだ」と迫る。その権力や権威に物怖じしない生き様は痛快ですらある。

時の権力者、田中角栄との対峙の場面が印象的だ。

1974年10月、立花隆氏が、田中の金権政治を告発する「田中角栄研究」を『文藝春秋』に発表。世間は騒然とする。

当時、経団連会長を務めていた土光さんは、その記事を読むと総理官邸へと向かった。そのときの様子を、ジャーナリストの志村嘉一郎氏が『土光敏夫　21世紀への遺産』（文藝春秋）で伝えている。


「総理、今日はあなたに赤いちゃんちゃんこを着けに来た」

昭和四十九年秋のある日、〝財界の荒法師〟と異名をとる経団連会長の土光が、首相官邸に飛び込んできた。財界総理の土光が、政界総理の田中角栄の眼をじっとにらむ。

「あなたは今日から石の地蔵さんになってほしい。石の地蔵さんは頭を丸めて赤いちゃんちゃんこを着ている。ボクがあなたに赤いちゃんちゃんこを着せるのだ」

「土光会長、いったいなんの話ですか」

田中は、例のだみ声で土光に聞いた。土光の眼鏡の奥から、禅宗の名僧が喝を入れるような鋭い眼差しで、田中をにらんだ。

「『文藝春秋』の記事を読んだら、一晩、眠れなかった。このさい、田中総理、頭を丸めてはいかがなものか」

田中はムッと押し黙った。だが、土光の視線は田中の眼を射ったままだ。しばらくして、田中の口が開く。

「土光会長、御心配をいただき大変申し訳ない。あの記事は、うわさ話をまとめたもので正しくない。しばらくすれば、おさまりますよ」

田中は、自分の進退について一言も言及しなかった。

永田町の首相官邸から大手町の経団連に帰った土光は、自問自答した。

「田中内閣はこれで終わりだな。しかし、田中はまだ若い。目白の豪邸をどこかへ寄付して、さっさと引き払ってしまえ。そして頭を丸めて禅寺にでも籠るが良い。五年か十年もすれば再び桧舞台に引っ張り出される日が、必ず来る……」

私は、このエピソードに、土光さんの人間としての大きさが垣間見られるように思う。正義感を振りかざすのではなく、相手の人生を考える懐の深さ。厳格さと温情の絶妙なる共存。ここに、人間的な魅力を感じるのだ。

実際、土光さんは多くの敬慕を集めた人物であった。

「今の日本で最も尊敬できる人は誰かときかれれば、無条件に『土光さん』と答えたい」

ソニー創業者の井深大氏の言葉だ。こうも語っている。

「土光さんを語るとき、最も私が感じることは絶対に私情がないことだろう。土光さんとお話していて、『私』がとか『自分の家』ではとか、石播だ、東芝だという言葉は出たためしがない」

あるいは、本田宗一郎氏は、「よこしまな考えのない真っ正直な人物」「経営にしても、損得だけの経営は絶対にやりませんでした」と評した（『清貧と復興　土光敏夫100の言葉』出町譲著、文藝春秋）。

名経営者ふたりの発言からも、土光さんの人間力がうかがい知れるだろう。彼は、「経営者」としてはもちろん、それ以上に「人間」としてリーダーの風格を備えていたのだ。

『私の履歴書』（土光敏夫著、日本経済新聞社）には、その原点を示すエピソードがある。

土光さんが、まだ学生だったころの話だ。

東京高工（現東京工業大学）に入学した彼は、1年生のときから「生長（級長）」を命じられる。

あるとき、学校で大騒動が起こった。東京高工はかねてから大学昇格運動を展開しており、時の文部大臣も「大丈夫だ」と約束してくれていたという。ところが、東京高商（現一橋大学）は大学に昇格する一方で東京高工は無理だとなったのだ。これで、学内は騒然となった。何度も集会がもたれ、ついには、文部大臣の自宅へデモをかけることになった。

土光さんは、個人的には「昇格」に反対だった。大学に昇格すると在学年数が延びるため、学費の負担が重くなるのを嫌ったのだ。ところが、自分は「生長」だ。やるとなったら先頭に立たねばならない。こう考えるところが土光さんらしい。実際にデモの先頭に立って学友を先導していったという。そして、その姿がうつった写真が雑誌に掲載され、母親を心配させるというオチがつく。後の率先垂範《そっせんすいはん》を旨とする経営姿勢を彷彿させる逸話である。

ただ、この逸話だけでは足りない。もうひとつのエピソードを紹介しよう。

それは、いよいよ卒業を迎えたときのことだ。

当時、技術者に対するニーズは高く、東京高工の卒業生は引く手あまただった。学校には各社から求人がヤマのように寄せられたようだ。ここでとった彼の行動はすごい。

同級生に先に選ばせて、最後に残った会社を選択したというのだ。なぜなら、「生長」だからだ。もちろん、三菱、三井などの大企業はすでにない。残っていたのが、後に社長になる石川島造船所だったというわけだ。

いかがであろうか？

「自分は反対」という私情を捨て、「リーダーたるもの先頭に立たねばならない」という理念に従う意志。そして、リーダーだからこそ、〝利得〟は周りを優先させるという考え方。

もちろん、ここに、私は土光さんの純粋なる「無私」の精神を見出す。

しかし、「生長」という立場が彼にそうした行動を促した側面はあるだろう。元来、そういうことに価値を置く精神性をもっていたと思われる。なぜなら、それは土光さんの母親の教えでもあるからだ。

母・登美は信念の人だった。

70歳のときに女学校の開設を志す。昭和14〜15年ごろというから、国中が戦時色一色に染まっていた時代である。彼女は、そうした世相に危機感を募らせていたという。土光さんは、母の思いを、「国を救うには、愚に走らせないような国民づくりが必要で、そのためにはしっかりした女子を育てなければならないと考えていたようだ」と推察している。

もちろん周囲は大反対だった。しかし、彼女はあきらめなかった。ひとりで諸方を駆け回って、「橘学園」の開校にこぎつける。そこまでの具体的な行動をしたことを知ると、驚嘆すべき執念の人と思わずにはいられない。

その登美が学校設立の際に標榜したのが、この言葉だ。

「個人は質素に社会は豊かに」

実に含蓄のある言葉である。

私は、この言葉には、「私欲に生きるのではなく、社会のために貢献しよう」というメッセージが込められていると考える。そして、それは、土光さんの「無私」を貫いた生き方そのものではないかと思うのだ。

学生時代のエピソードには、「無私」を志す母の教えが生きていたように感じられる。田中角栄と向き合ったときも、決して「田中憎し」の思いではなく、国のため社会のためにいったん身を引くべしという思いであったのだろう。そして、経済人としても、その姿勢を貫いたのだ。だからこそ、多くの社員に慕われるのみならず、井深氏や本田氏のような経営者の敬慕までをも集めるほどの人物になったのだ。

「暮らしは低く、思いは高く」（"Plain living, High thinking"）

土光さんが手帳に書きとめていた、イギリスの詩人ワーズワースの詩の一節である。

なんと、母・登美の言葉と深く響きあうことか。

土光さんが、いかに母の教えを大切にしていたかがうかがえるだろう。

そして、この「無私」の精神こそ、彼のリーダーシップの本質なのだと思わされるのだ。

「無私」とは、己を滅することではない。

「無私」とは、「私欲」のために生きるのではなく、社会のために貢献しようという「志」に従うことである。

それこそ、リーダーシップそのものであり、己を最大に活かす道なのだ。

上を見て生きろ。下を見て暮らせ。

4

Lead yourself first,
so you will find your followers.

私は、最近、ある知人にこんなことを言われた。

「佐々木さんは〝志〟が大切だとおっしゃるが、私は〝志〟なんていらない。ほしいのは〝結果〟ですよ」

思わず苦笑した。たしかに、そうだ。結果の伴わない志に価値があるだろうか？

そして、ある言葉が脳裏をよぎった。

「いま現在のＩＢＭに最も必要ないもの、それがビジョンだ」

言葉の主は、全米屈指の「立て直し屋」ルイス・ガースナーである。

彼は、ハーバード・ビジネス・スクールでＭＢＡを取得後、マッキンゼーに入社。当時の史上最年少でシニアパートナーに就任するという勲章を手に、アメリカン・エキスプレスでクレジット部門の立て直しを成功させる。その後、巨額の負債に苦しむＲＪＲナビスコのＣＥＯとして企業再生を果たし、１９９３年、業績悪化に苦しむＩＢＭにはじめての外部出身ＣＥＯとして招き入れられたのだ。

そして、ＣＥＯ就任会見で記者の質問に答えたのが冒頭の言葉である。この言葉の後には、こんな発言が続いた。

「いま最優先すべきは収益性の回復だ。会社のビジョンを掲げるのであれば、その第一は利益を出すことだ」「本当に今なすべきことは市場に出ていき、市場で行動を起こすことだ」（『巨象も踊る』ルイス・ガースナー著、山岡洋一、高遠裕子訳、日本経済新聞社）

彼は、決して「企業にはビジョンなど不要だ」と言っているのではない。巨象・IBMに「現実を直視せよ」「現在の危機に立ち向かえ」という強烈なメッセージを送っているのだ。

かつて、IBMはIT業界における支配的企業として高収益体質を誇っていた。しかし、巨大企業化とともに官僚体質がはびこるようになり、頭でっかちの会社になっていた。そして、1980年代後半には急速に変化するIT市場のなかで大きな遅れをとるに至る。たとえば、IBM製のPCは販売していたが、OSとCPUチップは社外製品を使用。そのため、マイクロソフトやインテルの後塵を拝するようになっていたのだ。

企業を経営するうえで適正な利益をあげることは最低条件である。利益もあげずに、ビジョンだ、成長だ、人材育成だと議論していても意味はない。「まずは、現実を直視して、利益を上げる事業体質を構築せよ」と、彼は言いたかったのだ。

要するに、「御託を並べるな」ということである。

リーダーはビジョン（志）を語れ――。

よく言われる言葉だが、ときにビジョンは〝お飾り〟と化す。

一時期、経営理念やクレドをつくることが経営者のなかで流行ったことがある。私は、その意義を否定するものではない。

しかし、「もっと魅力的な理念にしよう」「もっとインパクトのある言葉にしよう」と表現の議論を繰り返すばかりで、実態が伴わなければ、そんなものは〝床の間の掛け軸〟にすぎない。そうした言葉が社員の行動を変えることもなければ、顧客や社会に何かを訴えることもないだろう。はっきり言えば、経営者の自己満足にすぎない。

かつて、東レでは、「長期のビジョン、中期の課題、短期の問題」というフレーズがよく使われたものだ。「長期のビジョン」とは、会社がめざすべき方向性であり経営の考え方を指す。「中期の課題」とは、ここ2〜3年で解決・達成すべき事業課題。そして、「短期の問題」とは、いま目の前にある障害、すぐにでも解決しなければならないテーマであり、かつ短期の売上高・利益計画である。

なかには、「長期のビジョン」を長々と検討する人もいる。しかしそれは、たとえていえば、床の間を眺めながら掛け軸の角度をいじっているようなものだ。経営者と社員が現場で必死に取り組むべきは、あくまで「中期の課題」と「短期の問題」を克服することである。

これは、個人においても同じだ。

「仕事を通して自己実現をしたい」

「仕事を成して社会貢献をしたい」

若い人からよく聞く言葉である。それはそれで素晴らしい心がけではあるが、目の前の仕事に全力を注いでいなければ、誰がその言葉を信じるだろうか。誰が、応援しようという気持ちになるであろうか。

ガースナーでなくとも、「御託を並べるな」と言いたくなるのが自然だ。

しかし、それでも、私は「志なんかいらない」という知人の意見に全面的に賛成することはできない。なぜなら、ビジョンや志こそが「やりがい」や「生きがい」

を生み出すと考えるからだ。

石積み職人の逸話はよく知られている。

ひとりの旅人がいた。彼が街を歩いていると、石を積んでいる人が見えたので、「あなたは、何をしているのですか？」と尋ねると、石積み職人はこう答えた。

「見ればわかるだろう。石を積んでいるのだ」

旅を続けると、再び石を積んでいる人がいたので、同じことを尋ねた。すると、その石積み職人はこう答えた。

「私は、教会をつくっているのです」

石積み職人にとって結果を出すとは、一つひとつ石を積み上げることだ。しかし、ただひたすら石を積み上げるのと、「世の中の人のために教会をつくる」というビジョンのもとに石を積み上げるのでは、どちらが「やりがい」があるだろうか？

仕事というのは、ある意味でたいへん地味で忍耐力が要求されるものであるが、働きがいというのはその人の意識の持ち方で大きく違ってくる。そして、人間とは「より高い価値」のために働くときにやりがいを感じるのだ。その「より高い価値」を周りの人々に提示する存在こそ、リーダーであろう。

ガースナーがそうであった。彼は、CEO就任後、大リストラに着手する。3万5000人のレイオフ、集中購買、在庫管理の厳密化、重複業務の解消……。企業再建のために必要な手立てを厳格に実行していった。そして、バランスシートをあっという間に立て直すことに成功する。

同時に、彼は明確なビジョンを描き出していた。彼が機軸に据えたのは、「イノベーションをめざす」というビジョンである。実際に、彼が就任したその年、IBMはアメリカ企業のなかで最多の特許申請をする。そのなかから、音声認識技術、世界最速のスーパーコンピュータ、ナノテクノロジーなどの新技術が生み出されていき、ITの巨人は復権を果たしていくことになるのだ。

業績も急激に回復していった。CEO就任翌年の1994年に、3年ぶりの黒字を計上して以来、同社の株価は一貫して上昇基調を保っている。その起点は、間違いなく、ガースナーの描いたビジョンにあるのだ。

上を見て生きろ、下を見て暮らせ——。

これは、私が大切にしている言葉である。

「上を見て生きる」とは、志に従って生きるということであり、「下を見て暮らせ」とは、目の前の仕事で一つひとつ結果を出すことによって足下を固めていくということである。

志に価値が生まれるのは、なんとしてもそれを実現しようと全力を尽くすときである。たとえ、失敗してもあきらめずにやり抜こうとする姿にこそ人は共感を寄せるのだ。だから、とことん結果にこだわらなければならない。

そのような姿勢こそが、リーダーシップを磨き上げるのだ。

第2章

自分の頭で考え抜く

現実に全力でぶつかれ。
それが、「考える」ということだ。

5

Lead yourself first,
so you will find your followers.

経営のリーダーをめざすために、ビジネススクールに通う人がいる。勉強熱心なのはいいことだし、経営のセオリーを学ぶのはとても大切なことだ。

私自身、東レ経営研究所では「経営塾」と称する次世代経営者を育成する講座を主宰してきた。企業の部長クラスの人たちの集まりだ。

ただ、ひとつ気になることがある。〝勉強熱心〟な人のなかには、経営の「セオリー＝理論」を学び、たくさん知ることに価値があると勘違いしている人がいるのだ。しかし、「セオリー」の使い方を間違うと、大ヤケドを負うことになる。

私も、課長だったころに大きな誤りをしたことがある。

当時、経営資源を最適に配分することを目的にボストン・コンサルティング・グループが開発した「ポートフォリオ戦略」という経営理論がブームになっていた。

簡単に説明すると、市場成長性と市場占有率を縦軸と横軸にとって、それぞれの事業がどの象限に位置するかを分析することによって、事業ごとの経営資源配分を判断するというものだ。たとえば、市場成長率は低いが市場占有率が高い事業は「金のなる木（cash cow）」、市場成長率も市場占有率もともに低い事業は「負け犬

（dog）」などと名づけられる。そして、「負け犬」事業であれば「撤退が検討されるべき」と判断されるわけだ。

私はこのセオリーに飛びついた。そして、自分の担当する事業を分析して、設備投資や人材の配分の指標にしようと提案書を作成したのだ。しかし、少したってから、「本当にバカなことをしてしまった」と後悔したものだ。

実際の経営の責任者として仕事をしている人間が「〝負け犬〟事業はすぐ撤退すべき」などと簡単に結論を出すなどありえない。ビジネスは、市場成長性と市場占有率だけで決まるほど単純なものではない。それは、市場のおかれた状況、経営者及び担当するスタッフの士気、競争相手の強弱、自社の保有する技術レベルなど、さまざまな複雑な要因がからみあう「生き物」である。経営戦略がセオリーどおりになることなどありえないのだ。

東レの炭素繊維事業がいい例だ。

これは、１９８０年代以降、「軽くて強い」素材としてロケットや航空機からテニスラケット、釣竿にまで使用されるようになった繊維で、今や東レの中核事業に位置づけられる事業である。2006年には、炭素繊維を機体の大部分に利用する世界初の旅客機を開発するために、ボーイング社と長期大型契約も締結。東レの将来を担う事業にまで成長している。

ところが、この事業、かつて開発中止の決定がくだされたことがある。理由は、「開発費用が膨大なわりには将来性が不明」というものだった。当時、新技術の開発を中心になって進めていたのが、現・東レ名誉会長の前田勝之助さんである。前田さんは、この事業に執念を燃やしていた。技術者として「確信」があったのはもちろんだが、このままでは米国勢に決定的な遅れをとるという危機感もあったそうだ。そして、経営陣に何度も直訴して、ようやく開発再開にこぎつける。

しかし、その後、製品化されてからも長く赤字が続いた。市場成長性も不明確なままだったから、いつ切り捨てられても不思議ではなかった。それに抗したのが、前田さんをはじめとする、炭素繊維の可能性を確信する技術者と経営陣の情熱、いや執念だった。もしも、「赤字事業は撤退」「選択と集中」などといったセオリーのもとにこの事業を切り捨てていたら、東レは会社の成長の礎を失うことになっていたに違いない。

ビジネスとは、決して科学の実験室で起きている現象ではない。人生と同じで、セオリーではおさまりきらない活力あふれたものなのだ。ひとつのところに定まることなく、さまざまな可能性が生まれては消えていく。そして、かかわる人々の意思によっても大きく変わるものなのである。

もちろん、経営にセオリーが不要だと言っているわけではない。

セオリーを用いて複雑なビジネスを単純化することは、思考を整理するためには非常に有効だ。問題なのは、セオリーをそのまま現実のビジネスに適用しようとすることである。セオリーをツールとして使いながらも、あくまで自分の頭で考え抜くことが大切なのだ。

では、「自分の頭で考える力」を身につけるためには、どうすればいいのか？

私は、答えはひとつしかないと思っている。

現実のビジネスに全力でぶつかることだ。

さまざまな姿を持つ現実を直視し、冷静に分析し、対策を打ち出し、実行する。

それは、セオリーでは割りきれない「生き物」との格闘そのものである。

私自身も会社の中で、そのような経験を何度かしてきた。

私は、数々の赤字事業や赤字会社の再建に携わってきた。

最初のきっかけは30代のはじめに破綻寸前の関係会社に出向したことである。負債総額1600億円。もし倒産すれば、日本で戦後第2位の規模となる大事件だった。その渦中に、私は再建スタッフ14人の中の最若手として放り込まれたのである。

その会社は混乱状態に陥っていた。しかも、そのような修羅場を経験したことのない私だったから、右往左往しながら試行錯誤を重ねるほかなかった。

赤字金額を確定させるだけでもひと仕事だった。当初提出されていた不良債権を精査すると、どうもあやしい。事業部ごとの数字を突き合わせると、どうしても辻褄が合わないのだ。「これは、どうしたことだ?」と考える。そして、厳しい基準をつけて再提出を指示すると、目を剥くような不良債権の金額が出てくる。さらに、「まだ、隠された含み損があるのではないか?」と考えて、一つひとつの事業を洗い直す作業に取り掛かった。こうして、赤字額はみるみる膨れ上がっていったのだ。

一事が万事そうだった。事業部の統合、人員の削減、管理制度の整備、社員の士気向上……。やるべきことは山積しており、一歩進むごとに「なぜだ?」「どうすればいい?」と頭を悩ませる問題が次々に現れる。しかも、今にも不渡りを出しそうなわけだから資金繰りも厳しく時間がない。土日もなく、連日夜中まで長時間働く毎日だった。

1か月の残業時間は200時間にも達したが、そんなムリな生活が長く続くわけもない。数か月に1回、40度を超える熱を出してぶっ倒れる。それが回復すると、また仕事に取り組む。そんなサイクルを3年半にわたって繰り返したものだ。

まさに骨身を削るキツイ仕事だった。しかし、今、振り返ると、このときに私は本当の意味で「自分の頭で考える」ということを始めたような気がする。赤字事業の整理、資産の売却、人員整理、給料カット……。「会社の再建」には、こうしたセオリーがあり、それは「教科書」を読めば書いてある。しかし、生々しい現実のなかでは、セオリーどおりに事が進むことはない。その場その場で、自分の頭で考えるしかない。あの切迫した状況のなかで、私は否応なくそうせざるを得なかったのだ。

このときの経験は、私に強烈なインパクトを与えた。そのため、東レに戻ってからも、ずっと「なぜ、あんなことが起こったのか?」「あのような問題が起きた根本的な原因は何なのか？」と考え続けた。その過程で、さまざまな本を読むと、ときどき「ああ、そういうことだったのか！」と目を見開かされるような記述に出会うこともあった。あるいは、先輩や同僚と議論をするなかで、認識が深まっていくこともあった。そうして、私のビジネスマンとしての基礎は形成されていったと思う。

だから、私は「座学」だけでは本当の勉強はできないと考えている。

それよりも、現実にぶつかることだ。修羅場のなかに飛び込んでいけば、いやでも自分の頭で考えざるをえなくなる。

そして、ほうぼうでカベにぶつかりながら、とことん悩み抜くことだ。

現場の現実こそが、私たちの最高の教科書なのだ。

そして、現実と苦闘していない人に、決してリーダーは務まらないのだ。

信頼を求めるな。
それは、自らつくり出すものだ。

6

*Lead yourself first,
so you will find your followers.*

「信頼」とは組織のインフラである。

私はよく「仕事を効率化するにはどうすればいいですか？」という質問を受けるが、多くの人が期待しているのは「デッドライン仕事術」とか「スケジュール管理術」などといったいわば〝小手先〟のスキルである。もちろん、そういったスキルも必要ではあるが、それらが機能するためには「組織における信頼関係」というインフラが不可欠である。

当たり前の話で、組織とはチームワークで動くものだから、いくら個人が効率的に仕事を進めようとしても、お互いの間に信頼関係がなければコミュニケーション不全が発生することによって乗数的にロスが生じる。

そういう職場では、「言った、言わない」といったトラブルが頻発するし、協力し合えばすぐに解決する問題を社員がひとりで抱え込んでしまうことになりがちだ。あるいは、小さなトラブルが報告されないことによって大きなトラブルへと発展し、その果てに、互いに責任を押しつけあって仕事が動かなくなる……。こんな職場では、非効率の悪循環がとめどもなく続くことになる。

逆に、信頼関係のある職場は楽しい。

なぜなら、「誰かを信頼する」とは、その人のことを好きになるということにほかならないからだ。そして、「一緒に働く人のことが好きだ」という感覚こそがモチベーションの源である。コミュニケーションも活性化されるために、「すれ違い」「行き違い」などのムダも削減されるだろう。そうしたインフラのうえに個人がスキルを磨き上げることで、組織のパワーは最大化されるのだ。

もちろん、職場で意見が対立したり、トラブルが発生することもあるが、信頼関係が崩れていなければ、自然ともとに戻ろうとする力が働く。あるいは、業績悪化などの危機的な状況にあっても、一致団結して活路を見出そうという機運が醸成されるのだ。

まさに、信頼こそが組織の力の根源といってもいいだろう。

そして、リーダーとは、この信頼をつくり出す人間のことである。

このことを身をもって教えてくれるのが、小倉昌男さんである。「不可能」と言われた宅急便事業を実現に導いた、傑出したリーダーの成功の原点には「信頼」があったのだ。

かつて、ヤマト運輸は業績悪化を続けていた。

そんななか、小倉さんはひとり突破口を探し求めていた。そして、それまで手掛けてきた商業輸送をはじめとする事業を整理して、新たに少量小口の個人宅配事業に打って出ることで起死回生を図る構想を練り上げる。これが、後に「宅急便」として結実していくのだが、実は、当初、このアイデアに役員全員が反対した。誰もが、「赤字必至」と判断したのだ。

これは、当時、業界の〝常識〟でもあった。たしかに、特定の工場などで荷物を載せて指定された納入先に届ける商業輸送と比較して、個人宅配は明らかに集配効率が悪い。そのため、そこに「市場」があるとわかっていながら、誰も挑戦しようとはしなかったのだ。

もちろん、小倉さんは、そのデメリットについても熟慮を重ねたうえで、勝算を見出していた。お客さんには荷物を近くの酒屋や米屋などの取次店に運び込んでもらう。それを、ヤマト運輸が回収し各都道府県に最低1か所設ける「ベース」から別の「ベース」に大量輸送をする。それを各営業所に振り分け、送り先へ届ける。こうしたシステムを構築したうえで利用者を一定数以上確保できれば、採算ベースに乗るはずだと。

しかし、このプランはまったく聞き入れられなかった。小倉さんは、役員の「思い込み」というカベにぶつかったのだ。


ところが、ここで思わぬところから声が上がる。

労働組合の幹部である。

彼らが、力を貸そうと言い出したのだ。

これが社内の空気を変えていく。小倉さんは組合の協力を得ながら、より具体的な提案書をまとめ上げ、取締役会の決議を得ることに成功する。その後、事業を推進していくうえでも組合の全面的な協力が大きな援軍となっていった。

いわば、小倉さんは組合に助け舟を出してもらったというわけだが、それには伏線があった。

その数年前のことだ。

1973年に起きたオイルショックによって、ヤマト運輸も急激な需要不足に悩まされ、事業リストラを避け得ない状況に陥っていた。そのとき、小倉さんは〝首切り〟だけはしないと心に誓っていた。そして、組合に対してこう頼んだのだ。

「今〝ヤマト丸〟は嵐の直中にいて、いつ沈没するかわからない危機に瀕している。船を軽くしないと沈むおそれがある。だが乗組員に下りろとは言わない。持ち物を捨て、食料も最低必要なものだけにして頑張ろう。人員整理はしないから賃金カットなど最低の協力を頼む。嵐が去ったら、その埋め合わせは必ずする」（『経営学』小倉昌男著、日経BP社）

小倉さんは、この組合との約束を守りぬく。そして、組合はそんな社長に対して感謝の気持ちを忘れなかった。だからこそ、必死になって新事業を提案する小倉さんの話に真剣に耳を傾けようとしたのだ。

そこにあったのは、人間同士の信頼であった。

小倉さんは社長である。

その気になれば、強引にトップダウンで事業を進めることもできたかもしれないが、それでは、もしかすると「宅急便」は成功しなかったかもしれない。なぜなら、そこには、組織のインフラである信頼関係がないからだ。

しかし、彼には信頼という財産があった。これが、彼に力を与えたのだ。見逃してはならないのは、まず最初に信頼を差し出したのが小倉さんご自身であったということだ。信頼を裏切らぬように、自らを律する人物であったからこそ、彼は〝絶対に不可能〟とまで言われた「宅急便」を現実のものにする力をもったのである。

この事実は、私たちに大きな教訓を与えてくれる。

「ウチの職場は雰囲気が悪くて」
「部下が信頼できない」

私は、しばしばこんな相談を受ける。

若いビジネスマンから部下をもつ上司、果ては社長まで、実にさまざまな立場の人が日々の日常に悩みを抱えている。もちろん、お気の毒だとは思うが、一方でこう思う。

それは、あなたが信頼に足る行動をしていないからではないか、と。

いったい、信頼とは何であろうか？

それは、きわめてシンプルなものである。

約束を守る。

嘘をつかない。

間違ったことをすれば、謝ったうえで改める。

人の悪口は言わない。

こんな幼少時に教わったことを、愚直に実行することである。

それは、他者に求めるのではなく、自らが実践することである。

ときに相手に裏切られることもあるだろう。しかし、それでもなお、これを自らに課し続ける。そうすれば、いつか必ず相手も信頼を寄せてくれるようになる。

リーダーシップとは、このような信頼の循環を生み出す「起点」となることにほかならない。

「志」をもつとは、
言葉をもつことである。

7

Lead yourself first,
so you will find your followers.

サービスが先、利益は後――。

小倉昌男さんの有名な言葉だ。

宅急便事業の立ち上げ時期に社内に向けて発した標語で、このモットーを徹底したことによって、ヤマト運輸の事業は急拡大したといっても過言ではないだろう。なかには、「これぞ、ビジネスの本質」ととらえる方もいるが、必ずしもそういうわけではないだろう。この標語のミソは、「立ち上げ時期に」というところにある。

各家庭から荷物を集配する宅急便事業は、地域ごとに営業所を開設し、ドライバーとトラックを配置するなど、初期投資に莫大な費用がかかる。それを回収し、利益が出るようにするには、とにかく荷物の数を増やさなければならない。そして、そのためには、サービスを向上させて利用者に便利さを実感してもらう必要がある。

しかし、サービス向上と利益には相反関係がある。サービスを向上させれば、経費が増えて利益が圧縮される。利益を追求すれば、サービスを向上させるのは難しい。それだけに、社内には混乱が生じる。現場にいるドライバーはサービスの向上を主張するし、管理部門のスタッフはコストとメリットの計算に精を出す。もちろん、これはおよそすべての会社に起こる現象であり、どちらにも理はある。しかし、宅急便の立ち上げ時期においては「サービス向上」が至上命題である。だからこそ、小倉さんは、「サービスが先、利益は後」というメッセージを発することによって、両者の優先順位を明確に示す必要があったわけだ。

この小倉さんの明解な言葉が力を発揮した。事業展開のスピードが格段に上がったのだ。1日1回だった集荷サイクルを1日2回に増強し、全国に集配エリアを拡大するなど、大小さまざまなサービス向上策を矢継ぎ早に実行。そして、初日の集荷数わずか11個だった宅急便事業を、わずか5年で黒字化させることに成功したのだ。

もちろん、この言葉ひとつの力で、この偉業が達成されたわけではないだろう。しかし、「サービス向上と利益」のせめぎ合いを放置したままであれば、宅急便事業でのあのスピード感を実現することはできなかったはずだ。

リーダーの発する「言葉」の重要性と戦略性を如実に示すエピソードではないだろうか。

リーダーは、仲間に「向かうべき方向性」を明示しなければならない。混乱している仲間の先頭に立って、「こっちへ進もう」と旗を振らなければならない。そして、人間社会において、「旗」とは言葉にほかならない。自らの意志や思想を明確に伝えることができるのは言葉でしかない。

ところが、これが難しい。なぜなら、世の中には、大切にしなければならない価値が山のようにあるからだ。そして、それらは相反する緊張関係におかれている。「利益とサービス向上」もそうだし、「競争と平等」「秩序と自由」など枚挙にいとまがない。その緊張関係のなかで、自らの人生観やその時々の状況にあわせて、方向や価値の優先順位を明示するのは簡単なことではない。

小倉さんがおもしろいことをおっしゃっている。

「毎年、期の始めになると売上高の目標は対前年一〇％増と示され、絶対に目標を達成せよと厳命が下される。半期が終わり、売り上げはそこそこ目標に近づいたが、営業利益が目標より低いと、売り上げは多少足りなくなってもいいから、利益率の低い仕事はやめ、利益の目標は達成せよと指令が下りる。

安全月間になるともちろん〝安全第一〟の号令が下る。製品のクレームが来ると、品質第一で頑張れと命令が下る。とにかく何でも〝第一〟の命令が好きな社長は多い。だが〝第二〟がなく、〝第一〟ばかりあるということは、本当の第一がない、ということを表していないだろうか」（『小倉昌男　経営学』小倉昌男、日経BP社）

たしかに、これでは社員は混乱するばかりだ。〝第一〟ばかりの社長は、自分では「旗」を振っているつもりなのだろうが、実際のところは単に〝場当たり〟的なだけだ。要するに、「安全第一」と「品質第二」という緊張関係にある価値の間で優先順位をつけることができていないのだ。あるいは、そもそも、そうしなければならないという発想がないのだ。

もちろん、市場環境が激変する現代において、ときに〝朝令暮改〟もリーダーにとっては必要なことではある。しかし、そこに一本貫く価値観がなければ、誰もついていこうとは思わない。それでは、とてもリーダーとはいえない。

私の場合は、小倉さんにならって言えば、「自分が第一、会社が第二」という価値観で生きてきた。あくまで、人生の主人公は自分であって、もしも「この会社が自分にとって成長の場ではない」と考えたときには辞めるつもりで働いてきた。もちろん、会社に最大の貢献をするのはいうまでもない。しかし、あくまで会社や仕事というものは、自己実現を果たし、自分を磨くための「場」にすぎず、それに従属すべき対象ではない。そして、これは私自身に対してだけではなく、部下に対しても常々説いてきたし、部下のプライベートや生き方を最大限に尊重するように心がけてきたつもりだ。

私は、「ワーク・ライフ・バランス」を提唱しているが、それはこうした思想に基づくものである。たしかに、長男の障害や妻の病気のために早く帰宅しなければならないという事情もあったが、妻が病に倒れる前から、ムダな長時間労働には強い嫌悪感を抱いていた。できるだけ早く帰って、家族や自分の趣味の時間を確保したかったからだ。

とはいえ、当初からこうした思想や価値観が明確だったわけでもない。では、いつ明確になったか？　それは、自分の考えを文章にまとめようとしたときだった。私は、かつて〝場当たり〟的で、ムダな長時間労働を部下に強いる上司の存在に強い怒りを覚えていたことがある。そのときに、「自分が課長になったらこうする」ということを手帳に書き綴るようになったのだ。

紙に書き出すと、自分のなかにある価値観にぶつかり合うものがあることに気がつく。書くことによって、自分のなかの矛盾や相克が視覚化され、具体化されるからだ。たとえば、「課全体が定時で帰れるようにする」という思いと、「仕事で業績をあげる」という思いは相反する側面がある。業績をあげるには、ときに長時間労働をしなければならないこともあるからだ。では、どう考えればいいのか？

このように思考を深めていき、「原則は定時帰宅」「そのためには業務を極限まで効率化する」「そのノウハウを磨き上げて部下に徹底させる」「残業を認めるのは業務上やむを得ない場合に限る」などと考え方を整理していったのだ。

そして、私なりの思想や意思を明確にするために、「長時間労働は〝プロ意識〟〝羞恥心〟の欠如」「計画主義」「自己中心主義」などの項目からなる「仕事の進め方10か条」をまとめ、課長になったときに部下に発信し、徹底することに努めた。

その後、何度も内容を吟味しながら修正を加えたが、その過程で私の価値観や志はゆるぎないものになっていった。そして、他の部署があいかわらず連日のように長時間労働をするなか、私が担当する部署は基本的に定時で退社できるようになっていった。東レ経営研究所社長を退任するまで約30年間にわたって、この「10か条」を貫きとおし、私のワーク・ライフ・バランス論の基礎ともなっている。

つまり、書くことによって、私は自分を確立してきたのだ。書くことによって、価値観や思想をゆるぎないものにすることができたのだ。だからこそ、私の「言葉」は部下にも明確に伝わるようになっていったのだと考えている。

リーダーにとって、言葉はきわめて大切なものだ。

大げさにいえば、「命」のようなものだ。

どんなに立派な「志」をもっていても、それが相手に伝わらなければ、その「志」は存在しないに等しい。そして、「志」が伝わらなければ人はついてきてくれない。

だから、自分の言葉を磨き上げなければならない。

そのためには、自分の考えや思いを書くことだ。

書くことによって、自分のなかの矛盾や相克を知ることができる。そして、それを乗り越えるために考えつくすのだ。

そうすれば、いつか必ず自分の言葉がもてるようになる。それは、自分を確立することに等しいのだ。

「常識」を磨き上げろ。

8

Lead yourself first,
so you will find your followers.

あらゆる仕事は、事実を把握することから出発する。

事実とは厄介なもので、「報告された事実」「表面的事実」「仮定的事実」「希望的事実」などさまざまな錯誤に満ちあふれている。そのため、「本当の事実は何か」を徹底的に追究しなければ、誤った判断を導きだしてしまうのだ。

東レでも、こんなことがあった。

東レが開発した製品に「トレシー」というめがね拭きがあるのだが、国内で売り出したところ好評だったため、欧米へも輸出しようということになった。ところが、欧州ではそこそこ売れるのだが、アメリカではあまり売れない。

なぜか？

担当セクションがその原因を追究した結果、おそらく、小売店での広告宣伝が不十分なのだろうということになり、宣伝に資金を投入することになった。ところが、それでもさっぱり売れない。ここで、打つ手につまってしまったのだ。

真因がわかったのは、ずっと後になってからのことだった。

実は、アメリカ人には「めがねを特別なもので拭く」という習慣がなかったのだ。彼らは、着ているシャツや手元にあるタオルなどでめがねを拭くのだそうだ。つまり、そもそも「めがね拭きを買う」という概念がないわけだから、いくら宣伝費をかけても売れるはずがないというわけだ。

事実確認の重要性を伝えるエピソードである。

戦略を打ち出すのがリーダーの役割である。組織活動は戦略に則って進められるのだから、その影響力は大きい。そのため、リーダーたる者、正確な事実の追究を徹底することを肝に銘じなければならない。

逆に、事実をしっかり把握できていれば、たいていのことは「常識」で判断できる。「トレシー」の場合であれば、「アメリカからは手を引く」「めがね拭きを使うメリットを訴求する広告を打つ」など、いくつかの選択肢に絞られるだろう。そのメリット、デメリットを検証して、どの戦略を選択するかを判断すればいいのだ。

ところが、ここで間違いを犯すリーダーがいる。

私に言わせれば、「常識」に欠けるのだ。

では、「常識」とは何か？

渋沢栄一氏は『論語と算盤』でこう述べている。

「事に当りて奇矯に馳せず、頑固に陥らず、是非善悪を見分け、利害得失を識別し、言語挙動すべて中庸に適うものがそれである。これを学理的に解釈すれば『智、情、意』の三者がおのおの権衡を保ち、平等に発達したものが完全の常識だろうと考える」

「智」とは知恵・知識のことであり、「事実確認」は「智」の領域のものであろう。そして、「情」とは情愛のこと、「意」とは意志のことである。つまり、渋沢氏は、知恵と情愛と意思のバランスをとることが「常識」であり、世に処するにあたって欠かしてはならないものだと言っているのだ。

実に、正鵠《せいこく》を射ている。

たとえば、「智」にこだわりすぎる人物はなかなか決断することができないものだ。正しい判断をしようと思うばかりに、〝情報収集家〟になってしまうからだ。現実のビジネスにおいて、すべての情報が集まったうえで判断できるなどということはない。不十分な情報であっても、どこかで、リスクを横目に見ながら「決断」をしなければならないのだ。

そこで、必要なのが「意」であろう。自らの責任において、事を決するほかない。

ビジネスは時間との勝負でもある。いつまでもズルズルと決断を先延ばしする「意」に欠けるリーダーは、もっとも害悪の大きい存在かもしれない。

しかし、「意」ばかりが強いのも困りものだ。

事実確認も不十分なまま、「えい、ままよ」とばかり決断されてはたまったものではないし、明らかに失敗した事業に固執することによって傷口を広げるケースはあまたある。

バランスこそが、判断力の要諦なのだ。

ここで、私が尊敬する「常識人」を紹介しよう。

私の会社の先輩にあたる田中健一さんである。

田中さんは、かつて、東レの関係会社である繊維の専門商社「蝶理《ちょうり》」を再建するために社長として送り込まれたことがある。

当時、蝶理は30年間赤字続きで、大株主から何年かおきに合計1200億円以上の支援を受けて生き延びている状況にあった。しかし、2002年11月に資金の枯渇による信用不安を引き起こし、株価が31円まで下落する事態を招いた。親会社と主力行は、借入金1000億円を400億円に減らすとともに、経常利益を22億円出すという再建計画と引き換えに救済を約す。再建社長として田中さんに白羽の矢がたったというわけだ。

過酷な仕事である。

実際、当初、関係者の誰もが心の中では達成不可能と見ていた。しかし、田中さんの仕事振りはすさまじかった。内示を受けたその日に給与全額の返上を申し出るとともに、期限も1年と切って背水の陣を敷いた。

4月1日に最高顧問として蝶理に入社。準備期間は、6月末に社長に就任するまでのたった2か月間である。その間に、田中さんは管理職全員との面談、得意先周りをするほか、経営の実態調査を綿密におこなった。そして、「智」の限りを尽くして、再建策を構築していく。

社長就任後、まっさきに行ったのは指揮権の確立だ。計画達成に与えられた期間は実質6か月。時間がない。そのため、それまで分散していた権限を社長に集中させる必要があった。当然、役員らを中心に強い抵抗を受けたが、一歩も引かず権限規定を改定させる。

指揮権を確立すると大リストラを断行。組織を簡素化し、不要ポストとなった役員を社外に転籍させた。13部あった管理部門を2部に削減したほか、物流部を営業に統合させるなど、スタッフも100人以上削減。そのほか、60歳以上は全員退職、組合員の本給1割カット、社長室の廃止、不採算部門からの撤収、執務スペースの半減、創業地である京都オフィスの閉鎖、企業年金の廃止、子会社の売却・閉鎖など、あらゆる手立てを講じて50億円のコストカットを実現させる。

一方、借入金の返済を急いだ。なけなしの株式や不動産をすべて売却したほか、不良在庫もすべて売りさばいた。総資産が1年で半分になるほどのリストラだった。もっとも力を入れたのは企業文化を変えることだった。せっかく借金を返しても、同じことをやっていれば元の木阿弥である。親会社への甘えをなくし、自分の力で生きていくことを、社員たちに徹底的に叩き込んだのだ。

その鬼気迫る姿は、強固なる「意」そのものだった。

そして、年度末——。

田中さんは、600億円の返済と22億円の経常黒字という再建計画を超過達成させる。しかも、その半年後には借入金をすべて返却。破産に瀕していた会社が1年半で無借金となり、株価は底値から10倍となったのだ。

見事な手腕と言うほかなかろう。


しかし、それだけではない。

私が田中さんを畏敬《いけい》するのは、別のところに理由がある。

これだけのリストラを断行した人物である。

恨みを買うこともあったのではないかと誰もが思うであろう。

ところが、彼は、今でも毎年「田中さんを囲む会」に招かれているのだ。それも、主催者は、リストラの対象となった元蝶理社員である。

どういうことか？

田中さんは、あの激務のさなか、リストラせざるを得なかった社員の再就職先を見つけるために奔走していたのだ。しかも、それぞれの社員の経歴や適性を踏まえて職を探したという。

彼は、限りない「情」の人物でもあったのだ。

まさに、「智、情、意」の揃った「常識人」というべきであろう。

ここに、一部の資料がある。田中さんが、われわれ後輩に託した「リーダーのための30章」というものだ。

いくつか抜粋してみよう。

「部下とは真剣勝負せよ。能力より高めの目標を出して、尻を蹴り飛ばして締め上げる。その苦しまぎれのあがきの中から、部下は必ず新しい飛躍の途を発見する。そして、それが彼の成長と自信につながっていく」

「事を起こせば、必ず摩擦はある。雑音も出る。しかし、ザワザワ批判している人は事情も知らぬまま断片的な事象で無責任なコメントをしている場合が多い。うまく行ったら拍手喝采するのもこの連中。そういう外野に右顧左眄《うこさべん》せず、確信のある事は断固やれ。そして必ず自分が火の粉をかぶれ」

「トラブルがおこってしまった場合、手のつけられる事をまず次々にする。議論や詮議はあとあと。まず現場に急行せよ」

「問題が発生したら、考えて考え抜く、悩み抜く。寝ても醒めても考える。すると不思議なもので、何かの拍子にアイデアが出てくる。それでもどうにもならなかったら他人に相談すること。上司・同僚・取引先に相談できる相手がいるのといないのでは何倍も知恵に差がつく。そして最後は決断。人の判断など完璧なものはあり得ない。半分は間違う。間違いが分かったら意地をはらずすぐに改める。こういう行動＝リスクテーキングによってはじめて経験として君の身についていく」

「できない理由をさがそうとするな。いますぐは難しくても『やるための理由』を掲げて努力せよ。そういう人には奇跡がおこる。人生も運命も変わってしまう」

「仕事も商売も最後は人間である。君の人間力にすべて依存している。人間力を絶えず研鑽し、練磨せねばならない。うまく行かなかったらすべて自分に原因がある。それをみつけて直す意志さえあれば、必ず成功するはずだ」

田中さんは、強面の方だ。
甘ったるいことは一切口にしない。
しかし、これらの言葉に込められた「情」は今も私の心を打つ。
そして、これからも己の「常識」を磨き続けねばならないと思わされるのだ。

第3章

本物の自信をもつ

異質な者を尊重せよ。
そして、あえて批判を求めよ。

9

Lead yourself first,
so you will find your followers.

人は誰しも、「何か」にとらわれて生きている。

あの小倉昌男さんですらそうだった。

彼も、かつてはある「思い込み」にとらわれていたのだ。


小倉さんが、先代社長である父親を継いで社長になったころ、ヤマト運輸は深刻な業績悪化に苦しんでいた。

その遠因は、父親である康臣氏の成功体験にあった。戦前に事業を立ち上げた康臣氏は、関東一円をカバーする路線トラックのネットワークによって成功をおさめた。しかし、この成功体験によって、康臣氏は、「トラックの守備範囲は百キロメートル以内。それを超えたら鉄道の領域」と思い込んでしまうのだ。

ところが、戦後になるとトラックによる長距離大口輸送の時代が到来する。舗装道路が国内に張り巡らされるとともに、トラックの性能も格段に向上していったためだ。ところが、康臣氏はあくまでも近距離輸送にこだわり続けたために、競合他社の後塵を拝するようになる。

そこで、経営再建策として打ち出したのが事業の多角化だった。通運事業、百貨店配送、航空、海運から梱包業務までを行う総合物流企業をめざしたのだ。そこには、「大量少量を問わず、どんな荷物でも運べる会社になれば、トップ企業になれる」という信念があった。

しかし、この多角化が裏目に出る。各事業が伸び悩むうえに、基幹事業である商業貨物の収益までも悪化していくのだ。そして、業績悪化がいよいよ危険水域に達するというタイミングで、小倉さんは社長に就任する。そのプレッシャーは相当なものであっただろう。〝負け犬〟となったヤマト運輸の業績をどうすれば好転させることができるのか、日夜、そればかりを考えていたという。

そんなある日、小倉さんはひとつの新聞記事を思い出す。

それは、吉野家が豊富に揃えていたメニューを牛丼一本に絞ったことを報じるものだった。そして、その記事によって「大量少量を問わず、どんな荷物でも運べる会社」という信念に疑いの目を向けるのだ。

そして、こう考える。

「吉野家の場合は『牛丼ひとすじ』という新しい業態を開発し、チェーンを展開して繁盛する。一方、ヤマト運輸の得意とする分野は、昔から小さな荷物である。消費者に近い小規模企業や家庭から出る荷物である。ならば、思いきって対象とする市場を変え、メニューを絞って新しい業態を開発したら、道が拓けるのではないだろうか――」（『経営学』小倉昌男著、日経ＢＰ社）

これは、極めて重要な発想の転換である。

自らの「信念」＝「思い込み」を脱し、少量小口の個人宅配事業に一本化するという構想が芽生えた瞬間だからだ。これが、後に宅急便というイノベーションを生み出す原点となる。

私は、ここに小倉さんという稀有なリーダーの特質を見る思いがする。

なぜなら、人間にとって、自らの「思い込み」に気づくことは至難の業だからだ。「思い込み」とは自らの思考の枠組みそのものである。その思考の枠組みを自らの思考によって検証するのは、たとえてみれば、鏡を使わずに自分の顔を見るようなものだ。常人には、なかなかできることではない。だからこそ、私たちは「思い込み」にとらわれて、逃れられなくなってしまう。そして、ときに道を誤ってしまうのだ。晩年の康臣氏がそうであったように……。

しかし、小倉さんは、たった一本の記事によって「思い込み」を打ち破ることに成功する。このような強靭な思考力は、閉塞した状況に「光」を見出すべきリーダーとして極めて重要な要素であろう。

ただ、私は、あえて小倉さんを〝めざす〟必要はないと考えている。もちろん、自らの思考力を鍛える努力はしなければならない。しかし、「思い込み」にとらわれないためには、もっと簡単な方法があるからだ。

他者に指摘してもらう。

あるいは、異質な考え方に触れる。

それこそが、「思い込み」から自分を解き放つ最良の方法なのだ。

そして、そのために欠かせないのが「ダイバーシティ」の考え方である。

ダイバーシティとは、「多様性の受容」という意味だ。

この考え方が生まれたのはアメリカである。そこには、国家の事情があった。白人、黒人、アジア人、プエルトリカン……。アメリカという国は、これら異質な民族、異質な宗教、異質な価値観をもつ人々で構成されている。そのため、お互いの

「差」を否定することによって深刻な対立が生まれるという宿命を負っている。そこで、異質な者同士、それぞれの「差」を認め合いながら、全体として調和のとれた世界を目指そうという理念が生み出されたのだ。

そして、その有効性が広く認知されるようになり、男女平等の問題や個人の生き方、さらにはビジネスにも持ち込まれるようになっていった。

ダイバーシティが優れているのは、異質な者が共存することによって、多様な意見・考え方・ものの見方が提示されることにある。ダイバーシティが確保されている集団が議論をすれば、意見の対立や衝突が生じることが多い。しかし、そのようなコンフリクト（摩擦）を通じて、「思い込み」が正され、新しい気づきやイノベーションがもたらされるのだ。

身近な例で考えてみよう。

たとえば、中途採用の社員がそうである。

彼らは前にいた会社のやり方に馴染んできたために、新しい会社のやり方に違和感をもつことがある。実際、私がいた職場でも、彼らから「どうして、こんな会議を毎月のように３時間もやらなくてはならないのか？」「どうして、このような分厚いリポートを毎週書かなくてはならないのか？」といった質問が出されたことがあった。なかには、「それが、ウチのやり方だから従ってくれ」と言い出す古株社員もいて、もめごとになることもあった。しかし、「言われてみればそうだな」という結論に至ることも多々あったものだ。

ひとつの会社で長く仕事をしていると、どうしてもその会社の常識に同化してしまいがちだ。その会社特有のやり方に疑問をもつこともなくなり、それが「当たり前」になってしまうのだ。しかし、それが本当に「当たり前」なのかどうか疑わしいものである。実は、同質性の高い者ばかりに囲まれているために知らず知らずのうちにおちいってしまった「勘違い」かもしれないのだ。

しかし、そこへ「異質な者」が入ることによって、「それが、本当に当たり前なのか？」という視点が持ち込まれる。これが、重要なのだ。

「異質な意見」を尊重することも、ダイバーシティである。

花王の開発担当者にこんなエピソードを聞いたことがある。一世を風靡した「リンスインシャンプー」にまつわる秘話である。

「リンスのいらないシャンプー」の開発に成功すると、画期的新製品としてすぐに商品化すべく会社をあげて動き出した。ところが、その製品のネーミングや広告キャンペーンなどを検討する会議で、ある担当者が「本当にこのタイミングで売り出していいのか？」と言い出したのだ。

一日も早く売り出すために懸命になっているときだったから、「何を今さら？」と誰もが驚いたという。しかし、その担当者は、「この製品が売り出されれば、既存のシャンプーとリンスの売上げは減るだろう。在庫状況を確認するのはもちろん、今後の生産体制についても検討を加えるべきだ。まだ他社は同じ製品を開発していないのだから、あわてて世に出すこともないのではないか」と主張。「なるほど」ということになり、販売開始時期を少し遅らせることになった。「異質な意見」が、「思い込み」を正してくれたというわけだ。

もし、ダイバーシティが確保されていない会社であれば、どうなっていただろうか？　おそらく、その担当者は疑問を口にするのがはばかれたはずだ。あるいは、彼のような「議論に棹さす存在」は最初から排除されていたかもしれない。その結果、集団は間違った方向へと突き進んでしまっていたことだろう。

特に、このことを認識すべきはリーダーである。

なぜなら、ダイバーシティとは批判を受容するということにほかならないからだ。人間は誰でも、従順な人物を好ましく思い、批判を口にする人間をうとましく思うものだ。そして、ときにリーダーは、人事権という「武器」を使って異質な人間を排除してしまう。その瞬間に、ダイバーシティは死ぬ。そして、イエスマンばかりで周りを固めた、モノカルチャーの組織を生み出してしまうのだ。

モノカルチャーの組織にもよい面はある。リーダーの指示どおり動くために、スピード感があるのだ。しかし、もしリーダーが誤った「思い込み」をもっているとしたら、失敗に向かってフルスピードで走る集団にいとも簡単に堕してしまうのだ。

それを象徴するシーンに出くわしたことがある。

かつて、大手百貨店の株主総会に出たときのことだ。ゴルフ場経営の失敗によって数百億円の損失を計上していたため、総会は大荒れとなった。壇上の社長は、顔面蒼白で弁明に終始していた。

そこへ、ひとりの株主が挙手をした。彼は、経営陣の責任を厳しく追及したうえで、「その中で慶應出身者は立て」と命じた。すると、壇上の役員の半分以上が、決まり悪そうにゾロゾロと立ち上がった。それを見た株主は、こう言い放った。「慶應出身者ばかり役員にするから、こんなことになるのだ」。合理性や説得力のある言葉とはいえないが、そこには、ひとつの真理が込められていた。

その社長は慶應出身であった。そして、おそらく、従順な〝身内〟で周りを固めてきたのだろう。もし、彼の方針に疑義をはさむ部下がいれば、もっと早くに自分の過ちに気づくことができたはずなのだ。批判を受容できなかったリーダーの末路といえるだろう。

私たちは肝に銘じなければならない。
異質な者を尊重せよ。
あえて批判を求めよ。
そういう生き方こそが、ダイバーシティを生み出すのだ。
そして、自らを過ちから遠ざけることができるのだ。

相手を変えようとするな。
「小異」を活かす人間になれ。

10

Lead yourself first,
so you will find your followers.

明治維新によって日本近代史は急展開していくが、この一大ドラマの最大のヤマ場は江戸城の無血開城であった。もしこのとき、薩長率いる官軍と幕府軍の両軍が戦っていたら、その犠牲は計り知れないものがあっただろう。

その立役者は勝海舟と西郷隆盛である。

当時、官軍にも幕府軍にも武力による戦いを主張する者が多数いた。特に官軍側は、徳川家の存在は後顧《こうこ》の憂いを残すうえに、「負けるはずがない」という自信もあって、幕府勢力を一掃すべしという気運が強かった。おそらく、西郷自身も当初はそう考えていたはずだ。

そんななか、官軍側で戊辰戦争の早期停戦と江戸城無血開城を主張していたのが勝であった。当時のアジア諸国は続々と欧米列強の植民地化しつつあった。これ以上、内戦を続ければ、どちらが勝っても国は弱体化する。そこを欧米諸国につけこまれれば、国が滅びてしまうという危機感があったからだ。そして、その大所高所に立った提案に西郷が応じたわけだ。

もちろん、水面下ではさまざまな下工作もあったようだが、最終的には、「小異を捨てて大同に就く」という両者の大局観がことを決したといえるだろう。その後の日本の歩みを決めた二人の大英断であり、歴史に残るリーダーシップというべきである。

リーダーたるもの、小事で争ってはならない。

集団を二分するような対立にくみするのではなく、より高次の目標を明示し大同団結を促す存在でなければならない――。

私は、ビジネスの最前線で時に生じる厳しい対立の場面において、よくこの無血開城のことを思い出したものだ。グローバル競争が激化する現代の世界において、私たちビジネスマンにはますます「小異」を超える器量が試されているといえるだろう。

しかし、現実には「小異を超える」のは難しい。

グローバル競争に打ち勝つべく試みられる企業合併が、ときにご破算になってしまう実情をみれば誰もが頷くはずだ。

最近では、キリンとサントリーの〝破談〟が知られている。グローバルに打って出るために〝勝ち組〟同士が合併しようとする動きに期待感が高まったが、残念な結果に終わってしまった。その背景には、合併比率の問題や、サントリーの最大株主である創業家の思惑など、複雑な要因があったようだが、要するに、行き着くのは双方の企業文化の相違である。オーナー会社として個性的な経営で成功してきたサントリーと、旧三菱財閥の流れを汲むキリンの「差」は埋めがたいものがあったということだ。

私もいくつもの企業合併の例をみてきたから、その難しさは熟知している。また、同じ三井系である東レと三井化学で合弁会社をつくるときにもずいぶんと苦労したものである。

その合弁構想は、ペットボトルの需要が急拡大していた時期に出てきたものだった。三井化学は、ペットボトル用樹脂の技術と販路はあるが、海外に工場をもたなかった。そこで、インドネシアに生産基地をもつ東レと手を組もうという話になったのだ。東レサイドからは私の部下が合弁会社に出向したが、三井化学の出向者のトップと合わずさまざまな確執が生じた。ときには、私が乗り出していって、「小異を超えて協力しよう」と両者をいさめなければならなかった。なんとか短期間で合弁企業の実現にこぎつけることに成功したが、改めて「小異」を超える難しさを実感させられたものだ。

このような経験を重ねるうちに、私は、「どうも、日本人は小さな違いに敏感に反応しすぎるきらいがある」と思うようになった。

たとえば、熊本の人に「九州の人はね」と言うと、「いや、佐々木さん、佐賀と熊本は全然違います」と言う。しかし、私からすればそこに大きな差があるようには思えない。それと同じで、日本人は企業風土の違いをことさらに意識するが、海外の人からみたら、三井も住友も、キリンもサントリーも、それほど違うようにみえない。みな、似たような〝日本企業〟である。彼らにすれば、「何を細かいことを言っているんだ？」としかみえないのではないか。

おそらく、その背景には日本が均質性の高いモノカルチャーの国であるという事情があるのだろう。均質性が高いだけに「小異」がことさらに「大事」に見えてしまうのだ。それは、歴史的に蓄積された国民性でもあり一朝一夕には変えられない性質のものかもしれない。しかし、グローバル競争に勝たなければ未来を切り拓けないという現実の前にこのスタンスは修正したほうがよい。

これからのリーダーは、「小異」を越える懐の深さをもたなければならない。

もうひとつ付け加えておきたいことがある。

それは、「相手を変えようとするな」ということである。

おそらく、これも日本が均質性が高い国であることと関連があるが、日本人は強い「同化圧力」をもっているように思える。合併交渉においても、優位に立ったものが相手を同化しようとする。相手の文化も風土も根こそぎ変えようとしてしまうのだ。しかし、これがために、相手は警戒心を強めることになり、さらに「小異」を超えるのが難しくなってしまうのだ。

この点において参考になるのが、日産とルノーの提携である。

日産は1991年以降8年間のうちに7度の赤字決算をし、99年には約5900億円もの巨額赤字を計上した。もうどうにもならない会社であり、大手自動車メーカーとの提携しか救済の道はないといわれていた。

その有力候補として挙げられたのは、第1にダイムラークライスラー、第2にフォード、第3にルノーであった。しかし、フォードはすでにマツダを確保していたため交渉の余地がなく、ダイムラークライスラーは日産の株の過半数取得、つまり経営権掌握を条件としたために暗礁に乗り上げた。最終的に、パワーもマネーも最も劣るルノーと提携する道を選んだというわけだ。

しかし、これが功を奏した。

注目したいのは、ルノーCEOのルイ・シュヴァイツァー氏が日産社長の塙義一氏と調印したグローバル・アライアンス合意文書の基本方針である。

そこには、こう書かれてあった。

「互いの相違点を認識して、その価値を認め合うこと。相手を尊重した上で率直に語り、また相手の言うことに真摯に耳を傾けること」

「大事なことは自社の文化を維持しながら同時に相手の文化を理解し、それに適応していくことだ。私たちが合意したのは、あくまでもふたつの会社、ふたつのアイデンティティを認め、それを尊重し合った上で提携することだ」

こうした方針はあまりにも単純で、当たり前だと思われるかもしれないが、では通常の経営マニュアルに書いてあるかというと必ずしもそうではない。しかも、シュヴァイツァーはそれを実直に実践した。

何といっても大きいのは、シュヴァイツァーが日産改革にカルロス・ゴーンというリーダーを起用したことだった。

ゴーンは日産社長に就任後、「日産リバイバルプラン」を策定し、①初年度の黒字化、②2年後に営業利益4・5%、③3年後までに有利子負債の半減、という三つのコミットメントを発表。これを苦もなく達成し、日産を蘇らせた。

稀代の「コストカッター」として取りざたされたが、彼のリーダーとしての本質はそんなところにはない。彼のリーダーシップが優れていたのは、「グローバル・アライアンス」にある「ふたつのアイデンティティを尊重しあう」という理念を実行する才覚と器量を備えていた点にある。

たとえば、「コストカッター」とあだ名される原因となった施策は、彼の発案によるものではない。すべて、日産社員の若手200人から成るクロスファンクション・チームが生み出したアイデアだった。

彼は、高圧的に改革を進めたのではなく、日産にふさわしい改革を日産社員の力で進めたのだ。だからこそ、不要な社内圧力を生むことなく、あれだけの短期間で経営再建を成し遂げることができたのだ。

そもそも、ゴーンが、第一陣としてルノーから連れていった部下はわずか17人である。これには驚いた。15万人の社員を抱える日産に、たったの17人とは恐れいる。かつてクライスラーが三菱自動車を支援するときには、いったい何人の社員を派遣しただろう？

当時、私が東レの岡崎工場に出張するたびに泊まるホテルでは、何十人というクライスラーの社員の姿を見たものだ。「他の企業に支援を受けるというのは、ずいぶんとコストがかかるものだ」と思ったものだが、同時に、それはまるで〝占領軍〟のようでもあった。

おそらく、ゴーンもその点に配慮したのではないだろうか。

ゴーンがパリを発つ前に17人の精鋭に活動プランを配っているが、そこにはこんな言葉が添えてあったという。

「日産を変えようなどと思うな。日産を立て直す手助けをする。それに尽きる」

私たちは、ゴーンに学ばなければならない。

相手を変えようとしてはならない。
小異を認めて、お互いを活かす方法を考える。
それが、明日を切り拓くリーダーの発想なのだ。

すべての人を活かせ。

11

*Lead yourself first,
so you will find your followers.*

「天の時は地の利に如かず、地の利は人の和に如かず」という孟子の言葉がある。

事を成すために重要な三つの条件「タイミング」「環境」「人の和」のなかで、「人の和」がもっとも優先順位が高いということだ。これを経営にあてはめれば、市場環境や設備投資・研究開発も重要だが、その組織が一致団結して高い士気（モチベーション）を保っていることが最も大切だということになる。

これは、私の経験に照らし合わせても真実をついている。

いくら設備投資や研究開発に力を入れても、士気のあがらない職場であれば成果はおぼつかないだろう。逆に、どんな逆境にあっても、士気が高ければ思いがけないイノベーションを生み出すことがある。そして、市場環境すら変えてしまうことがあるのだ。

そのことを知り尽くしていたのが、土光敏夫さんである。

彼は、稀代の「立て直し屋」である。

戦後の混乱期に経営危機に瀕した石川島重工業の社長に就任し、朝鮮戦争特需にも恵まれ急激に業績を回復させたほか、ブラジル進出、播磨造船所との合併などを成功に導き〝造船世界一〟を実現。その実績を買われて、1970年には減配続きだった東芝の社長に就任した。このときも、いざなぎ景気も追い風となって就任翌年から業績を回復させた。

タイムリーかつ断固とした決断、ずば抜けた行動力、技術者として鍛え上げられた論理的思考……。土光さんの経営手腕を語ろうとすれば、ゆうに一冊の本ができ上がるだろう。しかし、ここで注目したいのは、その組織にバイタリティを与える手腕である。苦境にある組織の士気を蘇らせ、社員の能力を最大限に引き出すパワーは尋常ではなかった。

「一般社員はこれまでより三倍頭を使え、重役は十倍働く、私はそれ以上に働く」

東芝社長就任時に重役会議でぶち上げたこの言葉は広く知られている。この言葉の迫力もさることながら、その後の率先垂範《そっせんすいはん》が土光さんの真骨頂だ。

誰よりも早く毎朝7時30分に出社。大企業の社長でありながら、バスと電車を乗り継いでの出勤だ。前任社長がつくった社長専用の浴室、トイレ、キッチンを取り壊し、ドアは開けっ放しにした。そして、会議が始まる8時30分までは、話をしにくる社員の対応にあてたそうだ。

それまで、役員たちは10〜11時に出社し、夜は料亭での接待に明け暮れていたという。土光さんは、そんな重役に「お茶は自分でいれろ」「ファイルも自分で整理しろ」と指示。重役のバカげた特権性を次々とはぎとっていった。

痛快なエピソードがある。

「どうぞお使いください」と案内された社長専用の高級外車について、「こんな広い車、いらねえよ。ものすごく燃料がかかるじゃないか。外車に乗ったからといって、人間が偉くなるわけじゃない」と言ったという。

こうして、会社の上層部を引き締める一方で、本社業務の合間を縫って全国に点在する工場や営業所を訪問。それぞれの問題点を把握するとともに、6万3000人の全社員の激励に努めた。それまで一度も社長が来たことがないという工場もあったそうだが、土光さんは、「上から下まで全社員と話し合うのが楽しみだった」と述懐している。ほとんどは夜行で出かけ、夜行で戻るという強行軍だったという。

当時、すでに70歳。そのバイタリティには舌を巻くばかりだ。

姫路工場を訪問した際のエピソードが印象的だ。

工場脇のグラウンドに集まった社員の前に立ってスピーチを始めると、突然の雨が降り出したという。しかし、本降りになっても、土光さんは傘もささずに真剣に訴え続けたという。その姿に心を打たれた社員たちは、ひとりまたひとりと傘をたたみ始めた。そして、雨に打たれながら、涙を浮かべて土光さんの話に聞き入ったそうだ。土光さんの思いが社員に伝わった瞬間といえるだろう。

たしかに、こんなリーダーがいれば、組織の士気は上がるはずだ。

「守衛だって社長だって、人間は平等だよ」

土光さんは、こんな言葉ものこしている。

私は、彼のパワーを根底で支えたのは、この思想だったのではないかという気がしている。社長も、重役も、社員もみな平等だ。それぞれの役割を精一杯に果たして、会社を再建していこう。そんな思いこそが、組織の士気を高める根源だと思うからだ。

特筆すべきなのは、彼の組織の底辺に対する深い愛情である。

東芝時代の工場行脚にもその一端がうかがえるが、その愛情は社長になるずっと前、若かりし一技術者時代から不変のものらしい。

彼は、優秀かつモーレツなエンジニアだった。

石川島造船所に入社後、手がけたのは船舶用タービンの開発である。同社がスイス製の最新式タービンの輸入を開始したのを受け、「ならば、それをもとに研究を重ね、純国産品を生み出してやろう」と志したのだ。ドイツの科学雑誌を山ほど取り寄せ、それを読みこなしながら、日夜、試作に取り組んだ。睡眠時間は５時間。それ以外の時間は、すべてタービン開発に捧げる毎日だったそうだ。

ところが、そんな多忙の合間を縫って、土光さんが続けていたことがある。

「夜間学校」である。

仕事が終わると、やる気のある少年工を集めて、初歩の機械工学や電気工学を教えたのだ。自腹でうどんを振る舞っていたそうで、その温かい光景がしのばれる。

ただし、それは決して少年工への愛情に発するものというだけではなかった。土光さんは、その動機をこう語ったという。

「彼らの能力をアップさせなければ、造船所の技術力も一流にならない」（『清貧と復興　土光敏夫１００の言葉』出町譲著、文藝春秋）。

私が、土光さんにもっとも共感するのは、この一言である。

なぜなら、これは私のモットーでもあるからだ。

私の長男は、自閉症という障害をもって生まれた。

これは、ある意味で神の恵みであった。

というのは、組織を任されると、まずはじめに〝もっとも遅れている人々〟に意識がいくからだ。そして、なんとかして彼らを育てたいという願望がわき上がってくる。これは、長男を授かって以来の習い性のようなものだ。

そして、経験を重ねるうちに、組織全体を底上げすることこそが、強い組織をつくる鉄則なのだと確信するようになった。

世間では「2―6―2の法則」とよく言われる。職場で優秀なのは2割の人で、6割は普通の人、残りの2割は〝落ちこぼれ〟というわけだ。これは、一面の真実である。たしかに、現実の職場を見渡せば、ほぼそういう構成になっている。

そこで、勘違いする管理職がいる。

〝落ちこぼれ〟の2割をできるだけ早く異動させて、優秀な人材を獲得しようとするのだ。しかし、そんなことをしても強い職場をつくりあげることはできない。当たり前のことで、新たな「２―６―２」が形成されるだけのことだからだ。

社長の立場からすれば、〝落ちこぼれ〟の２割を育てもせず、手放そうとする管理職など「リーダー不適格」と判断せざるをえない。求めているのは、優秀な部下こそ手放し、〝落ちこぼれ〟を優秀な人材に育て上げるリーダーだ。そのサイクルが回ってこそ、組織全体の力も底上げされるからだ。

そもそも、人間の能力にはそれほど大きな差があるわけではない。いわば、１００mを14秒で走るか16秒で走るか程度の差でしかないのではないだろうか。にもかかわらず、ほんの小さな差をことさらに取り上げて、「あいつはできる、こいつはできない」と評価をつけたがるほうがどうかしている。「こいつはできない」と評価された人がやる気をなくすだけではないか。

どんな〝落ちこぼれ〟でも、手をかければ必ず育てることができる。

なぜなら、一般的な会社での現場業務に凡人にできないほど難しいものはほとんど存在しないからだ。仕事の「やり方」さえ教え込めば、多少能力的に劣っていたとしても立派な戦力となりうる。人を育てられるかどうか――。それは、ただただリーダーの熱意と粘り強さにかかっているといっても過言ではないのだ。

そして、〝落ちこぼれ〟の2割を育てようとするリーダーのいる職場は、おしなべて士気が高い。

なぜか？

「このリーダーは、われわれを育てようとしている。そして、何があっても自分たちを見捨てない」

そういう信頼感をメンバー全員が共有するからだ。

そして、メンバー同士で競争するのではなく、お互いに支え合って職場全体で成果を勝ち取ろうという気運が生まれる。これこそ、孟子のいう「人の和」なのだ。

だから、私は断言したい。

すべての人を活かす――。

これこそ、リーダーの基本なのだ、と。

さらに、もうひとつ付け加えておきたいことがある。

それは、「人は変わる」ということだ。

もう一度、土光さんの言葉を引用しよう。

「ひとたび、才能はコレコレ、性格はシカジカと評価してしまうと、終生それがついてまわるのである。このような発想には根本に人間不信感があるのだが、たとえ不信感を与えた事実があったとしても、人間は変わりうるという信念を欠いている点が重大だ。人によっては、失敗や不行跡を契機として転身することもあるし、旧弊をかなぐりすてて翻然と悟ることだってある。とにかく、人間は変わるという一事を忘れてはなるまい」（『経営の行動指針』土光敏夫著、本郷孝信編、産業能率大学出版部）

ややわかりにくい文章だが、要するに、「人間が変わりうるという発想がないのは、根本に人間不信感があるからだ」という意味であろう。

これは、ある時期に、「仕事ができない」とみなされていた人も同じである。何かのきっかけで「やり方」を身につけたとたんに〝化ける〟というのはよくあることだ。リーダーがその可能性をつぶすようなことを決してしてはならない。

その意味では、「人間に対する信頼」こそがリーダーの条件なのだろう。

倫理は語るものではなく、
どこまでも実践するものである。

12

Lead yourself first,
so you will find your followers.

２０１１年3月11日――。

東日本大震災が東京電力福島第1原発を襲い、未曾有の被害が発生した。

当初は、想定外の事象と報道されていたが、事実を検証していくうちに実際には想定内の事故であることが明らかになってきた。そもそも、歴史上、東北で起こった地震には今回のものと同程度のものがあったわけで、それなのに「想定外」と片づけることはできまい。国民の生命を最優先するならば、もう一段、もう二段の安全対策を講じていなければならなかった。

たしかに原発というものは、電力会社が好き好んで始めたものではなく、国家のエネルギー源の柱にするという国策として推進されてきたプロジェクトである。そのため、電力会社は、その立地や安全対策については国の指導を受けながら実行してきたのであり、今回の事故については東京電力より国により重い責任があると私は考えている。

しかし、仮にそうであったとしても、あくまで電力会社は独立したガバナンスをもつ民間企業でもある。自らの意志と責任によって、人命・安全を最優先に考え、あらゆる事態を想定して原発事業を遂行すべきであったことを指摘せねばなるまい。

その意味で、企業の在り方について強く反省を促す事件であったことは間違いない。

グローバルな資本主義経済において、企業は厳しい競争環境のもとにある。利益を出さなければ企業は存在することができないわけで、私も企業で働くひとりのビジネスマンとしてその命題と向き合い続けてきた。

しかし、間違ってはならない。

競争に勝ち、利益を上げることが企業の最大の目的なのではない。利益とは、あくまでも企業が生きていくための条件にすぎない。決して、利益は企業の存立基盤とはなりえないのだ。

では、企業の存立基盤とは何か？

それは、社会のよき構成員として、顧客のため、社員のため、株主のため――すなわち「世のため人のため」に貢献するという倫理観にほかならない。

企業の行動基準の第一に安全・防災・正直・真摯という、社会のなかで揺るがせにしてはならない倫理観が貫かれていなければならないのだ。

東レの経営理念においても、「安全・防災・倫理はあらゆる経営課題に優先する」

とうたっているが、それは、そうでなければ企業は存続できないからでもある。いかに利益をあげていたとしても、倫理を失った企業は存立基盤を失い、この世から消え去る運命にあるからだ。

その実例に枚挙のいとまはない。

雪印乳業は安全性を欠いた商品を製造し集団食中毒事件を起こし、カネボウは巨額の粉飾決算を行い、その咎めのゆえに崩壊にまで至ってしまった。そして、その後も、さまざまな企業が倫理観に疑いを抱かせる事件を引き起こしている。そのような状況のなかで、今回の原発事故は起きたのである。

それだけに、私は、きわめて憂慮すべき事態が進んでいると考えている。

なぜなら、それらは単に一企業の崩壊というにとどまらない問題を提起しているからだ。資本主義社会においては企業活動がきわめて大きな位置を占めている。もしも、企業の存立基盤である倫理が揺るぎ始めているとすれば、それはすなわち社会基盤の脆さも示しているからだ。

私たちは今、もう一度、ビジネスマンである以前に、社会の構成員であるという原点に立ち戻るべきである。そして、企業活動のなかに揺るぎなき倫理観を再構築すべき時期に来ている。これからのリーダーには、このことを強く認識してほしいと願っている。

この問題を考えるとき、私たちに大きな教訓を与えてくれるのが、ジョンソン・エンド・ジョンソン社の「タイレノール毒物混入事件」である。

同社が販売している副作用の少ない解熱鎮痛剤であるタイレノールは、アメリカの国民薬と言っていいほど普及している商品である。しかし、1982年9月、この商品に毒物が混入されたことにより、12歳の少女を含む7人が命を落とす大事件が発生したのだ。

伝説のごとく語り継がれているのは、その後のジョンソン・エンド・ジョンソンの対応である。

当時、米国本社の会長兼CEOを務めていたジェームズ・バーク氏は、事件報道のわずか1時間後にマスコミを通じて製品の使用中止を呼びかけるとともに、多額の損失を覚悟のうえ、全米の小売店からタイレノールを回収するという指示を出した。そして、10万回を超えるテレビ放映、専用フリーダイヤルの設置などの手を次々と打ち、全国民に対して商品の回収と注意を呼びかけたのだ。

対象となったのはどれだけ多くの商品であったろう。

どれだけ多くの損害が発生しただろう。

しかし、経営会議では誰からの反対もなく、製造、販売の即時中止と全品回収が決議された。人の命には替えられないという会社の方針に従い、勇気ある決断を下したのだ。そして、現場の社員もその方針に従い迅速に回収を進めた。

その結果、同社の経営姿勢が消費者の賞賛と信頼を集め、事件から2か月後には事件前売上の8割にまで持ち直したという。ワシントン・ポスト紙は、「ジョンソン・エンド・ジョンソンは、費用を度外視してでも、正しいことを自発的に行う企業だというイメージを確立するのに成功した」と伝えたという。これが、同社の次の飛躍へと繋がっていくのだ。

驚かされるのは、当時、ジョンソン・エンド・ジョンソンには緊急対応マニュアルがなかったということである。この企業行動の支柱となったのは、1943年に制定された「我が信条（Our Credo）」という企業理念・倫理規定であった。

そこには、こう記されている。

「我々の第一の責任は、我々の製品およびサービスを使用してくれる医師、看護師、患者、そして母親、父親をはじめとする、すべての顧客に対するものであると確信する」

バーク氏は、この「顧客への責任」を忠実に実行したのである。もちろん、そこにはバーク氏の大英断もあった。しかし、おそらく、同社における日常の仕事においても「我が信条」が生きていたからこそ、これだけの危機における対応にもブレが生じなかったのだろう。

注目したいのは、事件報道から1時間後にはマスコミを通じて製品の使用中止を呼びかけていたことだ。

株主、取引先、社員など、企業には多くのステークホルダーがいる。そして、企業に多大なダメージを与える発表を行うためには、彼らの了解をとりつける必要があるはずだ。それを、たった1時間でやり遂げることができるであろうか？　私は、経営陣のなかに、ステークホルダーにもジョンソン・エンド・ジョンソンが「我が信条」を遵守しているとの認識が浸透していることに確信があったからこそ、迷わずこの決断に踏み切ることができたのではないだろうかと考える。

そして、私はここに同社の決定的な強みがあるように思える。なぜなら、どの会社にも「我が信条」に類する理念や倫理規定は存在するからだ。その理念に、命が吹き込まれているか否か――。それが、最大のポイントなのだ。


では、「我が信条」に命を吹き込んだのはいったい何だったのか?

私は、これを起草したジェームズ・ウッド・ジョンソンJr.という人物の卓越したリーダーシップにあったと考える。

彼は、前任社長に比べると目立たない存在だったという。しかし、尊敬に値する〝静かなリーダーシップ〟を発揮したそうだ。

それを象徴するのが、1932年に社長になった彼が最初に手をつけた仕事である。

当時、全米で労働者の労働条件の改善を求める声が高まっていたという。そこで、彼は、まっさきに賃金制度を手厚くするほか、労働時間を短縮するなど社員の処遇を次々と充実させていった。工場内に病院をつくり、社員が病気にかかったり、不慮の事故にあったときにはすぐに対応できる体制も整えた。さらに、さまざまなサークル活動を立ち上げることによって、社員生活の質までも向上させようと努力したそうだ。そのためであろう、彼は経営者でありながら、従業員から愛され、信頼される存在へとなっていったという。

そんな背景のもとに策定されたのが「我が信条」であった。

そこには、ジョンソン・エンド・ジョンソンが果たすべき責任が、その優先順位とともに記されている。

第1は、先ほど掲げたように「顧客への責任」だ。第2が「社員への責任」、第3が「地域社会への責任」、第4が「株主への責任」である。

「社員への責任」の一部を抜粋しよう。

「我々の第二の責任は全社員――世界中で共に働く男性も女性も――に対するものである。社員一人一人は個人として尊重され、その尊厳と価値が認められなければならない。社員は安心して仕事に従事できなければならない。待遇は公正かつ適切でなければならず、働く環境は清潔で、整理整頓され、かつ安全でなければならない」

いかがであろう?

これは、すでにジェームズ・ウッド・ジョンソンJr.が社員に対して具体的に示したことではないか。だからこそ、「我が信条」は多くの社員の信頼を得たのであろう。そして、一人ひとりが率先して、自分の責任をまっとうすべく積極的に動き出す動機が与えられたように思えてならない。ここに、「我が信条」に「命」が込められたのだと、私は思うのだ。

誰もが、「倫理」について語ることはできる。

しかし、そこに「命」を込めることができるのは、それを実践する者だけである。

そして、それができる者のことを「リーダー」と呼ぶのである。

本物の自信をもて。

13

Lead yourself first,
so you will find your followers.

自分の人生なんてたかが知れている。
社長を辞めたらタダの小父さんだ。
格好つけたってしょうがない。

この小気味いい言葉を吐いたのは、伊藤忠商事の経営再建に辣腕を振るった丹羽宇一郎さんだ（『人は仕事で磨かれる』丹羽宇一郎著、文藝春秋）。

丹羽さんは、ご自身のことを「掃除屋」と表現している。伊藤忠商事の積年のウミを出し切ることが自分の役回りだったということだ。実に謙虚な表現だが、その「掃除」の準備やプロセスを見ると丹羽さんのリーダーとしての決断力は瞠目すべきものがある。

１９９８年に社長に就任したとき、伊藤忠商事はバブル時代の拡大戦略の深刻な後遺症に悩まされていた。膨大な不良債権を抱え込んでいたのだ。それ以前から、同社では小出しに不良債権処理を進めていたが、丹羽さんは「半分、目をつむって切るべし」と主張していた。しかし、それが受け入れられることはなく、稼いでも稼いでも、損失の補填につぎ込まれてしまう状況に陥っていた。そのむなしさに、社内には強い厭世観がただよっていたという。

そんな時、社長に就任した丹羽さんは、まず最初に極秘タスクフォースを立ち上げて不良債権の実態調査に乗り出した。その結果、なんと3950億円もの不良債権の存在が判明。これには、さすがの丹羽さんも打ち震えたという。

当時、同社の株価は下がり続けていた。そのタイミングで不良債権処理による多額の損失を計上したら、場合によっては会社がつぶれることもありうる。社員や家族を路頭に迷わせるわけにはいかない。きわめて難しい判断が迫られる状況だった。

2か月ほど煩悶したそうだ。その重圧に体調を崩すこともあった。それでも、彼は最終的に不良債権全額の一括処理を決断。「財務状況が改善されればこの会社の将来は明るい」「そのためには私は捨石になってもいい」という一念だったという。

取締役会、OB、銀行のほとんどが反対するなか、一括処理し、空前の赤字決算を断行した。普通の経営者にできることではない。

結果として株価は上昇。市場は丹羽さんの勇気ある決断を好意をもって迎えた。しかも、その年度は多額の損失計上をしたものの、翌年度には連結決算で過去最高益を達成。業績をV字回復させることに成功したのだ。

経営者は結果がすべてだ。「これぞリーダー」というべき決断力だったというほかない。

しかし、私が心底、丹羽さんを「本物のリーダー」だと思ったのは、その「退き際」をみたときだ。社長就任時に「任期は６年」と明言していたが、実際にあっさりと後任にゆずり会長に就任。その会長職もまたあっさりと手渡した。

世間はよくみているもので、これほど優れた経営者を放ってはおかない。政府は中国特命全権大使という重責を用意。懇請を受けた丹羽さんは、現在、その職で力を振るっている。なかなか本人のいう〝タダの小父さん〟にはなれないというわけだ。

考えてみれば、不思議なものだ。

自分は人の上に立つ地位に昇ったと得意がっている人は世の中からはそうとは見られず、丹羽さんをはじめ、〝タダの小父さん〟になりたい人ほどリーダーとして担がれるのだから――。

権力とは悲しいものだ。

本来、権力とは、「世のため人のため」に組織や社会を動かす〝道具〟にすぎない。ところが、多くの人が、その地位につくと権力に備わる強い魅力を手放せなくなってしまう。実力者であればあるほどいつまでも会社から離れられなくなる。組織のトップというのは「退き際」を自分で処することしかできないわけだが、それがさらりとできる人物はきわめて少ないのが現実だ。

武田國男さんが実におもしろいことを言っている。

多角化経営のために苦境に陥っていた武田薬品の経営改革を成功させた武田さんは、社長在任10年を節目に社長の座を当時最年少取締役だった長谷川閑史さんに譲った。「自分の役割は終わった」との認識があったからだ。ところが、後にこう振り返っている。

「実際、会長の立場になってみると実に寂しい。空虚な空間をただぼーっとさまよっている感じである。（中略）皆が社長のほうを向き、まるで大事な宝物を全部さらわれたようで、正直いえば悔しい。相も変わらずのひがみ根性だ」（『落ちこぼれタケダを変える』武田國男著、日本経済新聞出版社）

それはそうだろう。それまで、会社の経営は武田さんの一言ですべてが決まっていたのだ。「右を向け」といえば右を向く。「左を向け」といえば左を向く。もちろん、武田さんは会社再建という志のために権力を行使していた。そして、その権力には重大な責任ものしかかっていたはずだ。しかし、会社を好きなようにできる権力者の醍醐味は、そんな彼の心をもあらがいようもなく魅了していたのだ。

だからこそ、彼は自分にこう怒鳴り続けた。

「会社はお前のおもちゃじゃないぞ、このボケが」

そして、会社経営について口をはさみたくなる気持ちをグッとこらえ、財界活動や庭いじり、乗馬などに精を出し、新しい人生の愉しみを見出すように努めたという。

武田さんのような、地位にこだわらない人物ですらそうだった。

相当に強い克己心がなければ権力を手放すのは難しいということだろう。さまざまな多くの企業で、権力に恋々としがみつくトップが散見されるのも頷けるというものだ。

しかし、そのために多大な害悪が発生することがある。実力者であればあるほど、そうである。実力のある社長は独裁的になりがちだ。無意識にそうしているのかもしれないが、自分の考え方に反するものを遠ざけ、結果としてイエスマンで周囲を固めてしまう。その結果、状況に合わない経営判断をするケースが起こる。かつての成功体験に固執して、時代の変化を読み間違えるケースも頻発する。

社長を退いたあと、会長として実権を握り続ける人もいる。しかし、会長が経営会議に顔を出せばそれだけで空気が変わる。その会長が敷いた路線を修正することがなかなかできず、タイミングを逸して経営不振に陥ったりする。さらに、社員は、会長と社長の両方の顔色をうかがうようになり、経営効率が落ちるばかりか士気まで低下する。

あるいは、院政をたしかなものにするために、自らを脅かすことのない子飼いの部下を社長にすえるという愚を犯すこともある。これが、現在の日本経済界に「本物のリーダー」が生まれない元凶のひとつではないだろうか。

私は、そのような生き様に哀れみすら覚える。

いつまでも権力にしがみついているだけの人生など寂しいではないか。私たちは、どうせいずれは死ぬ。そして、死ぬときは〝タダの小父さん〟であり〝タダの小母さん〟だ。どんなに鎧《よろい》をまとったところで、人間の真の値打ちに変わりはないのだ。

権力者は他者を従わせる力をもち、生殺与奪の権限すらも握る。それは、それを行使する人間に全能感を与えるだろう。また、権力者は、周りから怖れられ、大切に扱われる。それは、自己承認欲求を深く満たしてくれるに違いない。

しかし、そんなところに自己の存在理由を求めざるを得ないとすれば、悲しむべきことだ。なぜなら、権力を失ったときに、そうした素のままの自分に自信がもてないということを意味するからだ。私に言わせれば、素のままでも人に慕われたり、尊敬されたりされるのが真のリーダーであり、地位の高い人だからといって、必ずしもリーダーとは言えないということだ。

土光さんは、こう言いのこしている。

「人間、誰しも権力欲があり名誉欲もある。トップの座に長くいればいるほど、そうした欲望は満たされるし、収入面その他いろんな利点もあるだろう。たしかに、一度、手にした〝うまみ〟はなかなか捨てられるものではない。

しかし、そんな個人の都合で居座られたのでは、組織全体が迷惑をこうむる。僕なんかに言わせると〝社長〟なんてのは、会社のなかで一番辛いポストなんだから、一日も早く退きたい。そのために後事を託せる人材を育て、いままでやれなかった個人生活を楽しみたい、と考えるのがふつうだ」

どうだろうか？

私は、この言葉に土光さんの「本物の自信」を感じる。社会的地位や社会的名誉などをすべてはぎ取った「自分」に自信をもっているからこそはける言葉だと思うからだ。おそらく、彼にとって、権力の魅力などとるに足らないものだったに違いない。

本物の自信を養う――。

それこそ、「本物のリーダー」の条件であり、豊かな人生を送る秘訣なのだ。

第4章

「志」を旅せよ

大きい者は大きいなりに、
小さい者は小さいなりに、
己を高める「志」こそが大切だ。

14

Lead yourself first,
so you will find your followers.

我、事において後悔せず――。

宮本武蔵の言葉である。

一見、剣豪らしい剛毅さを感じさせる。

しかし、私はこの言葉にむしろ、彼の心中に渦巻く後悔の念を思わずにいられない。なぜなら、ほんとうに後悔しないのならば、わざわざこのような言葉を語る必要がないからだ。それだけに、私はこの武蔵の言葉に胸をつかれるような思いがする。

私は生来、明るい性格だった。

一見して、いつも元気で明るく落ち込むことのない人間と映るようだ。

たしかに、それはある面では事実で、私はいつも快活に行動し、楽しいときは人の2倍愉しむところがある。それは、きっと私が親から譲り受けたものであるとともに、落ち込んでいる自分の弱みを見せたくないと知らず知らずに強がっていたのかもしれない。

しかし、正直なところ、私の人生は後悔と反省の連続だった。

特に若いころは、毎日のように「もっと、こうすればよかった」「なんで、あんなことを言ってしまったんだろう」と反省する日々が多かった。

会社生活のなかで、自分が正しいと信じる主張を貫くことができず、周囲や上司の指示に従ってしまった経験は何度もあった。そんなときには、「なんと、ちっぽけな人間なんだ」「俺も大したことないな」と自己嫌悪に陥るのが常であった。

そんな私にとって、土光敏夫さんのような人物は仰ぎみるような存在である。存在の大きさが違う。

俗な表現をすれば「器」が違う。

そして、土光さんの本を読んで「器」の違いを思い知らされて、なおさら気持ちは沈んだものだ。


ところが、数年前に土光さんの座右の銘を知り、目を開かされるような思いがした。

それは、こんな言葉である。

「苟日新、日日新、又日新」

読み下すと、「まことに日に新たに、日々に新たに、また日に新たなり」となる。

この言葉は、中国の古典『大学』にあり、もともとは中国・商（殷）時代の湯王《とうおう》が言い出した言葉だそうだ。

土光さんは、この言葉の意味を次のように書き記している（『私の履歴書』土光敏夫著、日本経済新聞社）。

今日なら今日という日は、
天地開闢《てんちかいびゃく》以来はじめて訪れた日である。
それも貧乏人にも王様にも、
みな平等にやってくる。
そんな大事な一日だから、
もっとも有意義に過ごさなければならない。
そのためには、
今日の行いは昨日より新しくよくなり、
明日の行いは今日よりもさらに新しくよくなるように
修養に心がけるべきである。

そして、これを受けて土光さんはこうおっしゃっている。

「私は一日の決算は一日にやることを心がけている。うまくゆくこともあるが、しくじることもある。しくじれば、その日のうちに始末する。反省するということだ。今日が眼目だから、昨日の尾を引いたり、明日を思いわずらうこともない」

当たり前のことだが、土光さんほどの人でも、日々、しくじることがあったということだ。おそらく、後悔することもあっただろうし、自己嫌悪に陥るようなこともあったのかもしれない。私は、想像する。「器」が大きい人は、それだけ大きな悩み、大きな苦しみを経験しているのではないか、と。

ご家族の話によると、お宅では無口な方だったそうだ。

そして、晩ご飯がすむと書斎にこもって読書をする習慣だったという。

あの豪放磊落《ごうほうらいらく》な土光さんが、書斎で何を思い、何を考えたのか――。

大きな悩みとひとりで格闘されていたのかもしれない。

そして、後悔や無念を断ち切って、

「明日の行いは今日よりもさらに新しくよりよくなるように」

という思いを固められていたのではないだろうか。

そのような日々の積み重ねが、あの風格をつくりあげたのだと思えてならない。

そして、その「日々、成長しよう」とするひたむきな姿が、多くの人をひきつけた原動力であったのではないだろうか。


思い出すのは、かつての部下たちの姿である。

彼らが、仕事で単純なミスをしたり、内容のない企画書などを持ってくれば、私はよく叱りつけたものだ。

こういうときに、私は容赦はしなかった。なぜなら、中途半端な〝優しさ〟は決して彼らの成長につながらないからだ。

おそらく、私の叱責で彼らは傷ついたはずだ。自らのふがいなさに落ち込んだかもしれない。

しかし、私と信頼関係でつながっていた多くの部下たちは、翌朝になれば、気持ちを切り替えて出社してきた。大きな声で挨拶をして、なんとか失敗を挽回しようと必死でがんばっていた。その姿を見て私は「力になってやりたい」「育ててやりたい」という気持ちになったものである。

いま思えば、私の心を打ったのは、部下たちの「よい仕事をしたい」というひたむきな成長意欲であった。そして、実は、彼らのそんな姿が、私の「力になってやりたい」というポジティブな思いを引き出してくれていたのだ。逆説的な話ではあるが、それは彼らのもつリーダーシップではなかったか。そして、それは、土光さんが「日々、成長しよう」とする姿に、私がリーダーシップを感じたことと同質なものではないのか。

もちろん、土光さんの「器」の大きさとは比べるべくもない。

しかし、大きいか小さいかは本質的な問題ではない。

「今日の行いを昨日よりよくしよう」という真摯な気持ちこそが、周りの人のポジティブな気持ちを引き出すのだ。

そして、それはリーダーシップそのものなのだ。

このことに気づいたとき、私は強く勇気づけられるとともに、自分もそうありたいと思った。

人間は、器の大小が問題なのではない。

大きい者も小さい者も、それぞれの悩みを抱え、それぞれの人生を生きている。

その大小を比べたところで意味はない。

大切なのは、天地開闢以来はじめて訪れた「今日」という日である。

貧乏人にも王様にも、みな平等にやってくる「今日」という日を、それぞれ「日々新」に生きることだ。

大きい者は大きいなりに、
小さい者は小さいなりに、
己を高めようとする「志」こそが大切なのだ。

リーダーシップとは、
高め合うものである。

15

Lead yourself first,
so you will find your followers.

人生とは「学び」そのものである――。

私たちは、「学び」を求めて学問に向き合い、恩師と出会い、書物をひもとく。

それは、人生を深めるために欠かせないことではある。

しかし、実は、もっとも深い気づきを与えてくれるのは、日ごろそばにいて、当たり前のように接している人々なのかもしれない。

そう教えてくれたのは、私の家族である。

我が家は苦難の歴史を歩んできた。

自閉症の長男は、この世界とうまく関係を築くことができず、困難な道を歩まざるを得なかった。この息子を守るために、私たち夫婦はできる限りの努力をしてきた。

そして、私たちは重要なことに気づけずにいた。

それは、障害児を抱える親は、障害をもたないその兄弟へのケアを忘れてはならないということだ。どうしても、親は障害をもつ子どもに関心がいく。それは、人間の情として自然なものであろう。しかし、そのために、それ以外の子どもたちは心のうちに「寂しさ」を抱えるようになってしまうのだ。

それでも、私たち家族は、年に数度は旅行をしたり、毎週のように登山に出かけたり、明るく楽しい生活を送っていた。

しかし、ある日、妻が肝臓病に倒れる。

妻は、かつて手術を受けた際に注射針から感染したと推定されるB型肝炎のキャリア保持者だった。医師からは注意するように言われて気をつけてはいたが、まさか、ほんとうに肝臓病を発症することになるとは思わなかった。

その後、入院を繰り返すようになった妻にかわって、私は家族の世話をするようになる。仕事と家庭の両立はたいへんな面はあったが、私はそれをあまり苦には思っていなかった。

元来、前向きな性格で、「そのうち、いい日が来るさ」と楽観していたこともあるが、私としては、家族のリーダーとして当然の務めだと考えていた。それに、子どもたちとともに過ごす毎日は楽しくもあったのだ。

しかし、「いい日」はなかなか訪れてはくれなかった。それどころか、病状が一進一退を繰り返すなか、妻は、家族に負担をかけていることを気に病んだことからうつ病までも併発するに至った。

このころ、長男と妻にかかる経済的負担は毎年350～400万円であった。そして、その負担がいつまで続くかわからない。私には、日々戦っていく道しかなかったのだ。

しかし、そうした日々の中、最悪の事態を迎える。妻の三度に及ぶ自殺未遂だ。一度目と二度目はためらい傷だった。しかし、三度目は本気だった。このとき、私のなかに、「こんなにがんばっているのに、なぜ?」という自己憐憫の気持ちがなかったと言えば嘘になる。しかし、7時間に及ぶ手術を終えて奇跡的に命をつなぎとめた彼女の姿をみて、私ははじめて気づいたことがあった。

それは、病気を介護している人より、病気になっている人のほうが何倍苦しみ悩んでいるか、ということだった。

今、私は痛恨の思いで、かつての自分を振り返っている。

私は、リーダーとして家族の世話をするのが当たり前だと思っていた。それが、リーダーの責任だと思っていた。しかし、そこに、「してやっている」という上から目線の気持ちはなかっただろうか?

その気持ちは、無意識的であれ、間違いなく私のなかにあったのだ。それが、いかに彼女を追いつめ、苦しめていたことだろう。

娘の美穂子は、小学生のころから、私の家事負担を減らすために料理の腕を磨くなど、常に私をサポートしてきてくれた、いわば私にとっての戦友である。

その美穂子が最近、『アエラ』（2011年9月12日号）の取材に応えてこうコメントをしていた。

「母の三度目の自殺未遂以降、父は家族と本気で向き合うようになりました。私たちと同じ目線でコミュニケーションをするようになったというのでしょうか。たしかに、あのときに父は変わったんです」

これを聞いてはじめて、私は娘がそんなふうに見ていたことを知った。それ以上に驚きだったのは、彼女が「父は変わった」と表現したことだった。私自身に、その自覚はなかったからだ。

しかし、もし、本当に私が変わったのだとすれば、それは、私が学んだということではないだろうか。家族との関係のなかで、人生にとってきわめて大切なことを、教えてもらったということではないだろうか。

今、妻のうつ病はほぼ完治したと言ってもいい状態だ。かつて元気だったころの彼女より、さらに快活に生きるその姿に私は感動すら覚える。

そして、美穂子が受けたのと同じ取材で、妻はこう語っていた。

「夫が『ビッグツリー』という本を書くとき、私も昔の手紙を読み返したりして、人生の棚卸しをしたのです。そうしたら、夫がただの一度も私の病気について責めたことがないのに気づいたのです。夫は瞬間湯沸かし器ですが（笑）、幼い頃から淡々と運命を受け入れてきた人。だから、どんなことでも受け入れどんな人でも許す。それに気づいたとき、長男を産んだことも私の病気もすべてよかったんだ、自分の人生なんだから、すべて受け入れればいいんだと思えた。初めて自分を許せたのです」

彼女も、何かを学んだのだろうか。

もし、そうだとすれば、私たちはお互いに学び合うことで、家族の苦難を乗り越えることができたのかもしれない。

人生というドラマの不思議を感じないではいられない。

今、私はこう考えている。

父親であり夫である私だけが、家族のリーダーなのではない。

家族全員がリーダーなのだ。

それぞれが、家族のために貢献したいと思って頑張っている。家族の力になろうと、それぞれがそれぞれのリーダーシップを発揮しようとしている。

もちろん、父、母、長男、次男、長女と、それぞれに果たす役割も違えば、背負うべき責任も違う。しかし、家族に貢献しようという気持ちに上下の区別はない。

そこにあるのは、「してあげている」「してやっている」という関係性ではなく、それぞれの役割を果たすためにお互いに信頼し、支え合う関係性である。

かつて、美穂子は小学5年のときから、私の負担を減らそうと料理を覚えようとしてくれた。おそらく、娘は私が頑張る姿を見て、「私も家族に貢献したい」と考えたのだ。そして、その姿に私は勇気づけられ、もっと家族のために頑張ろうという気持ちになった。これは、娘のリーダーシップが、私のリーダーシップを引き出してくれたということだ。私は娘に力を与え、その娘から再び力を与えられていたのだ。

これは、家族のみならず、あらゆる集団に共通する真実ではないだろうか。首相であれ、社長であれ、課長であれ、新入社員であれ、フリーターであれ、主婦であれ、高齢者であれ、全体のために、社会のために貢献しようというリーダーシップに上も下もない。すべて、対等な関係にあるのだ。

そして、お互いのリーダーシップを尊重し合い、高め合うことによって、社会や組織の力は最大化されていくのだ。

逆境こそ「志」の源である。

16

Lead yourself first,
so you will find your followers.

小倉昌男さんは「志」の人だった。

「利用者第一の流通インフラをつくる」という志を遂げると、１９９５年にヤマト運輸のいっさいの役職から離れる。そして、個人資産の大半を投じてヤマト福祉財団を設立して、心身に障害のある人々の支援に乗り出した。

その動機について、小倉さんはあまり多くを語られていないようだ。「身近に障害者がいたとか、特別な動機があったわけではない。ただ、障害者は同じ人間として生まれながら、自分の責任ではないのにハンディキャップを負っている人が多い。日ごろ、お気の毒だなと感じていた」（『経営はロマンだ！』小倉昌男著、日経新聞出版社）と書き残されているくらいである。しかし、その活動は徐々に熱を帯びていく。

当初、ヤマト福祉財団が手がけたのは助成活動だった。障害をもつ大学生に対する奨学金や共同作業所への助成金などを提供するプログラムだ。ところが、小倉さんは福祉の世界に触れるなかで強い衝撃を受けることになる。共同作業所における障害者の月給がせいぜい１万円という現実に驚きと怒りを感じたのだ。

なぜ、こんなことが起きるのだ？

小倉さんは福祉現場の視察と関係者へのヒアリングを重ねたうえで、「福祉の問題ではない、経営の問題だ」との結論にいたる。なぜなら、作業所の多くがビジネスとして成立しづらい仕事ばかりをやっていたからだ。「なぜ、そのような仕事をするのか？」と尋ねれば、「他の作業所もやっているから」という答えが返ってくる。そこには、「経営」の発想が皆無だった。

健常者であれ、障害者であれ、働いた分の報酬を得るのは当然のこと。それがきちんと支払えないのは「経営」に問題がある。ならば、「ビジネスのプロ」として経営の基礎を伝授すべきではないか。そう考えた小倉さんは、福祉関係者を対象とする経営セミナーを開始する。セミナーでは、参加者の意識革命を促すために、「素人の私に言われてシャクでしょう。悔しかったら十万円払ってみなさい」「福祉の〝常識〟は、経済人が見ると〝非常識〟」などあえて辛口で語ったという。こうして、「1万円からの脱却」を掲げた、小倉さんの新たな闘いが始まったのだ。

その闘いは、具体性を帯びていった。

障害者雇用のモデルを示すことを目的にパン屋「スワンベーカリー」をオープン

させ、実際に障害者に対して10万円強の月給を払ってみせた。さらに、それをフランチャイズとして展開させるなど、「やればできる」ということを次々と実証していった。不可能といわれた「宅急便事業」に挑んだのと同じように、「1万円からの脱却」という〝不可能〟に挑戦状を叩きつけたのだ。

小倉さんは、「福祉」の考え方にも疑問を投げかけた。

特に印象に残るのは次の言葉だ。

「障害者はかわいそうだから保護しなくてはいけない、というのも間違っていると思う。（中略）働くというのはつらいことだ。つらいからこそ、喜びもある。最初から保護したら、『働こう』という気持ちがなくなってしまう。障害者から働く喜びを取り上げてはいけない」（前掲書）。

そして、その批判精神は障害者雇用促進法へと向かう。

この法律では、企業は、法定雇用率に基づき、全従業員数に対し一定の比率で障害者を雇うことを義務付けている。しかし、法定雇用率を達成している企業の割合は5割にも満たない。なぜか？　罰則規定がなく、障害者雇用数が足りない場合、一定の納付金を払えば済んでしまうからだ。一般企業で健常者と障害者がともに働くことを理想とする小倉さんは、「こんな制度を許してはならない」と怒りをあらわにされていた。

しかし、2005年——。

途なかばにして、小倉さんは逝去される。

ご意思をヤマト福祉財団に託し心穏やかな最期だったのか、それとも自らの手で志を遂げることができなかった無念を思われたのか、その心中は知るべくもない。

ただ、私は、その志に殉じた人生に、心の底から敬意を覚えるばかりだ。そして、そのリーダーシップを受け継ぐ者でありたいと願うばかりである。

私は、長年、考え続けてきたことがある。

「小倉さんの志の原点は何だったのか」という問いだ。

ひとつ思い当たることがある。

それは、小倉さんが社会人になってすぐに経験した「空白の5年間」だ。

1948年に、小倉さんは父親が創業した大和運輸に入社する。初仕事はアメリヵの駐留軍人らが本国に引き上げる際の家財道具の輸送業務だった。この頃、大和運輸はこの駐留軍関係の仕事のほか、百貨店配送や通運事業にも乗り出すなど、戦中に疲弊した経営を順調に立て直していた。その機運のなか、小倉さんもさぞかし張り切っていたはずだ。

しかし、その年の暮れに大転機が訪れる。

重症の肺結核を患うのだ。

当時、結核といえば不治の病だった。病室に閉じ込められた小倉さんは、無為の生活を強いられることになる。父親が身の回りの世話をする付添婦を雇ったそうだが、ひたすら孤独に自分と向き合う毎日だったに違いない。そして、奇跡的に治癒して復職するまで5年近くもの歳月を要したのだ。

その悔しさはいかばかりであっただろうか。

こう書き残されている。

「入院後数ヵ月がたつと、精神的に参ってきた。一体自分は何のために生きているのだろう。社会のために何の役にも立たないのに、人をひとり専属に付けている。

心が苦しく、死んでしまいたくなった。だが、死ぬ方法がなかった。窓から飛び降りようにも、体力が衰えすぎていた。ベッドで身を起こそうとすると、貧血で目がくらんでしまうのである」（前掲書）

まさに、絶望の底である。

しかし、私には、ここにこそ小倉さんの志の原点があったような気がしてならない。

後年、小倉さんは、『「なんでだろう」から仕事は始まる！』（小倉昌男著、講談社）でこう述べている。

「人間にとって何がつらいといって、自分が何の役にも立っていないと感じることほどつらいことはないのだ」

私は思う。

小倉さんは、「死にたい」と思うほどの苦しみのなかで、「世のため人のために役に立ちたい」という志を心の奥底に固められたのではないだろうか。

それこそが、生きる意味であり、生きる喜びなのだと、心に深く刻まれたのではないだろうか。

だからこそ、「利用者の視点」を徹底的に追求するビジネスとして、宅急便を成功に導くことができたのではないか。荷物を届けたお客さまから「どうもありがとう」と言われる、そんな宅急便ドライバーの生きがいを大事にされたのではないか。「官」への怒りの根源もここにあったように思える。

小倉さんは、「スジの通らないことは許さない」と、業界保護、自己保身に走る「官」と戦い抜いた。しかし、その怒りの底には、「世のため人のため」に最も働きうる立場にありながら、その志を忘れたかのような「官」に対する憤りがあったように思えてならない。そのような人間としての怒りであったからこそ、世間も小倉さんを支持したのではないだろうか。

そして、晩年に力を注がれた障害者支援――。

きっと、小倉さんは、働きたくても働くことができない障害者の姿に、かつての自分を重ね合わせたに違いない。そこにあったのは「同情」ではなく、同じ苦しみを経験した「同志」としての思いだったはずだ。

そう考えると、「障害者から働く喜びを取り上げてはいけない」という訴えが心に突き刺さる。

もちろん、これは私の見方にすぎない。

しかし、わが身に照らして考えると、「逆境」こそが「志」の源にあるという気がしてならない。

なぜなら、私も家族の苦難によって「志」を与えられたからだ。

かつて、私は自らの苦難をほとんど誰にも明かさず、ひとりで抱え込んでいた。正直に言えば、恥ずかしいという思いもあった。自分の弱みをさらすようでもあったし、会社に知れるとマイナスになるのではないかという思いもあった。

そのため、誰にも頼らず、己の力でこの運命を乗り越えていかなければならないのだと思っていた。妻が自殺未遂に及んだときには、手術室の前のベンチで絶望の底をたった一人でさまよっていた。

しかし、この事件をきっかけに、私は家族の障害と病気のことをオープンにすることを決断する。会社に家族から連絡が入ったら、何があっても私に繋いでもらう必要があったからだ。そして、2006年には、『ビッグツリー』(WAVE出版)という本で我が家の物語を公にすることになる。

私は、その反響に驚かされた。

いったいどれだけ多くの方々にご家族の悩みを打ち明けられたことだろう。

「子どもがダウン症」「娘が不登校」「夫がうつ病」……。

皆さんは、かつての私と同じく、誰にも打ち明けることなくその苦しみや孤独と闘っていた。そんな悲痛な声に接するなかで、私はいつしか、社会のあり方に疑問をもつようになっていた。

考えてみていただきたい。

自閉症・アスペルガー障害は120万人、身体障害者は350万人、精神疾患は320万人、ダウン症は10万人、アルコール依存症は230万人、不登校や引きこもりは120万人、認知症は200万人、シングルマザーは50万人……。

統計の取り方で数字は変わってくるが、これだけ足し合わせても1400万人。そのご家族も含めればゆうに3000万人を超える人々、すなわち日本国民の3人に1人が障害や病気、あるいは厳しい環境に苦しんでいるということだ。

にもかかわらず、日本社会は、健全な人たちで構成されているという前提で生活基準が設定されている。それはあまりにも現実とかけ離れているのではないか。むしろ、皆何がしかのハンディや悩みを持ちながら生きているという前提に立つべきではないのか。そして、お互いの苦しみを理解し合い、お互いに支え合いながら社会生活を送れるようにすべきではないのか。そうすれば、もっと深みのある幸せな社会にすることができるはずだ――。

そんな思いが私の中に育っていったのだ。

そして今、私はこの思いを「形」にするひとつの機会に遭遇した。「こころの健康政策構想会議」という組織と出会ったのだ。

この会は、精神医療にかかわる専門家と精神疾患者をもつ家族が中心となって設立したもので、精神疾患が323万人に上り、自殺者が毎年3万人を超える現状を変えるべく、日本の医療政策を抜本的に改革することを目的としている。その理念に賛同した私は、協力者のひとりとして参画することにした。

こうした組織のマネジメントや行政機関などとの交渉などで、私がこれまでに培ってきたビジネスマンとしてのスキルを生かすことができるはずだ。そして、「誰もが幸せを感じる社会」を実現するために微力を捧げたいと願っている。

これが、今の私のささやかな志である。
そして、この志はさまざまな苦しみから生まれてきたものなのだ。

振り返ってみれば、これまでの人生において志を与えられたのは、いつも「逆境」であったように思える。

かつて、私は〝場当たり〟的な上司に強いられる長時間労働に怒りを覚えたものだ。そして、理不尽な指示によってモチベーションを失っていく同僚を見つめながら、「自分は決してそんな上司にはなるまい」と心に決めた。もっと一人ひとりが自分らしく、充実感をもって働ける職場をつくりたいという志を与えられたのだ。

妻が病に倒れたことによって毎日18時には退社しなければならなくなったときには、仕事の効率化を極限まで追求した。その制約は、ときに理不尽なものにも思えたが、そんななかで私の仕事術は磨き上げられていった。

課長、部長、取締役と階段を登っていくなかで、私の志は育っていったように思う。当初は自分の課を生き生きとしたものにしたいと願っていたのが、いつしか、会社全体をいま以上に活力あふれたものにしたいと思うようになっていた。事業展開についても私なりのビジョンをもつようになり、より強い会社に育て上げたいという情熱を抱いていた。

そして、事務系同期トップで取締役に就任することができ、「いよいよこれから」という矢先、任期2年で取締役を外れることになる。そのときは、「なぜだ？」と愕然《がくぜん》とさせられたものだ。「志を果たすことができないのか」と思うと心の底からくやしい思いがした。

しかし、「禍福《かふく》はあざなえる縄のごとし」とはよく言ったもので、東レ経営研究所の社長になった私は、業務を自分の意思でコントロールできるようになった。そのため、私は、それまで以上に妻とじっくり向き合う時間を手にすることができた。それに応えるかのように、妻のうつ病は快方へと向かい、再び幸せな家庭を取り戻すことができたのだ。

だから、今は会社の「粋な計らい」に感謝している。それは、実に味のある人事であった。

そもそも、リーダーになるかどうかを決めるのは自分ではない。それは周りが決めることであって、その判断を静かに受け入れるほかないのだ。

それよりも、もっと大切なことがある。

それは、自分自身のリーダーであり続けるということだ。自らに授けられた志に向かって、自らをリードし続けるのだ。自分らしく精一杯に生きて、その結果を潔く受け入れる。精一杯に生きたのならば、その結果には納得することができる。

それ以外に私たちにできることがあるだろうか？

そして、私は、曲がりなりにも、そのように生き抜くことができたのではないかと感じている。私の志に共感してくれたかつての部下、いや同志にも囲まれている。それは、私の「誇り」でもある。

私はいま、67歳である。

そして、残された人生を、新たな志に捧げたいと考えている。

生意気千万ではあるが、小倉さんをはじめとする先人の志を受け継ぎたいという思いもある。彼らのような志高いリーダーたちの末席に加わりたいといえば、欲がすぎるであろうか。しかし、私は、さらに自分の人生を高めたい。彼らのフォロワーとして残された人生を充実させたいと願っている。

そして、「誰もが幸せを感じる社会」をつくりたいという私の志に、ひとりでも多くの人が賛同していただければ幸いだ。もちろん、それは、私のこれからの生き方いかんにかかっている。だから、これからも、自らのリーダーシップを信じて一歩一歩進むのみである。

逆境、苦しみ、悲しみ……。
私たちの人生は試練に満ちている。
ときに、受け入れがたいほどの苦しみを味わうこともあるだろう。
しかし、忘れないでいたい。
苦しみこそ、志の源であるのだ。
そして、志こそ、リーダーシップの源であり、命に輝きを与えてくれるものなのだ。
だから、最後にこの言葉を贈りたい。
私も、この言葉を生き抜きたいと考えているのだ。

「志」を旅しよう。
それが、リーダーという生き方である。

17

Lead yourself first,
so you will find your followers.

あとがき

5年前、私が家族の物語『ビッグツリー』を出版したとき、再び本を書くことになるとはつゆほども思っていなかった。

しかし、すすめられるままに、『部下を定時に帰す「仕事術」』『そうか、君は課長になったのか。』『働く君に贈る25の言葉』を世に出すことになった。これらの本には、私が長い間、深く考えてきた「人は何のために働くのか」「何が人の幸せか」といったことをまとめることができたと思う。そして、もう、そろそろ本を書くのも終わりかな、と考えていたところだった。

それだけに、「リーダーについて書いてほしい」と依頼されたときには、正直なところ驚いた。私が「リーダー論」を書くなど想像もしないことだったからだ。

だが、以前から、世の中のさまざまな〝リーダー本〟を目にするなかで、私が考える「リーダー」とはずいぶん違うものだと感じていた。

なぜなら、私は、「真正面から真摯に生きる人」「勇気を与えてくれる人」「一緒に働くことが楽しく感じられる人」こそがリーダーだと思っていたからだ。

大きい人は大きいなりに、小さい人は小さいなりに、己を高める「志」を持つことで、リーダーシップは磨かれていくものだし、そうやって人間的に成長して、世のため人のために貢献することこそが人間の生きる源ではないかと思うのだ。


そういう意味で、この世の中には多くのリーダーがいる。

私の家族にも、私の部下にも、ましてや上司にも。

どこにでもリーダーは存在しているのだ。

そのことを少しだけ発信したくなり、おこがましくも今回この本を出すことにした。

どうか、このような考え方もあると笑って読んでいただきたい。

2011年11月10日

佐々木常夫

【参考文献】

『［新訂］経営の行動指針』（土光敏夫著、本郷孝信編、産業能率大学出版部）
『私の履歴書』（土光敏夫著、日本経済新聞社）
『清貧と復興　土光敏夫100の言葉』（出町譲著、文藝春秋）
『小倉昌男　経営学』（小倉昌男著、日経BP社）
『経営はロマンだ！　私の履歴書』（小倉昌男著、日本経済新聞出版社）
『「なんでだろう」から仕事は始まる！』（小倉昌男著、講談社）
『巨象も踊る』（ルイス・V・ガースナー著、山岡洋一・高遠裕子訳、日本経済新聞社）
『人は仕事で磨かれる』（丹羽宇一郎著、文藝春秋）
『落ちこぼれタケダを変える』（武田國男著、日本経済新聞出版社）
『利他のすすめ』（大山泰弘著、WAVE出版）

佐々木常夫

Tsuneo Sasaki

1944年秋田市生まれ。1969年東レ入社。自閉症の長男に続き、年子の次男、年子の長女が誕生。初めて課長に就任した1984年に、妻が肝臓病に罹患。その後、うつ病も併発し、計43回に及ぶ入退院を繰り返した。

すべての育児・家事・看病をこなすために、毎日18時に退社する必要に迫られる。家庭と仕事の両立を図るために、「最短距離」で「最大の成果」を生み出す仕事術を極めるとともに、部下をまとめ上げるマネジメント力を磨き上げた。

そして、プラザ合意後の円高による業績悪化を急回復させる「再構築プラン」のほか、釣具業界の流通構造改革、3年間で世界各国に12件、計約1000億円の設備投資を実行するグローバルオペレーションなど、数々の大事業を成功に導く。

2001年、同期トップ（事務系）で東レの取締役に就任。2003年より東レ経営研究所社長、2010年に同研究所特別顧問となる。この間、妻の3度に及ぶ自殺未遂など幾多の苦難を乗り越えてきた。社長に就任した頃から妻のうつ病は回復に向かい、現在は快癒。強い絆に結ばれた家族と幸せな生活を送っている。

内閣府の男女共同参画会議議員、大阪大学客員教授などの公職も歴任。「ワーク・ライフ・バランス」のシンボル的存在である。

著書に『新版　ビッグツリー』『部下を定時に帰す仕事術』『そうか、君は課長になったのか。』『働く君に贈る25の言葉』（すべて小社刊）。

これからの
リーダーに贈る
17の言葉

2011年11月25日　第1版第1刷発行　　定価（本体1,300円＋税）

著　者　佐々木常夫

発行者　玉越直人

発行所　WAVE出版

〒102-0074 東京都千代田区九段南 4-7-15
TEL 03-3261-3713　FAX 03-3261-3823
振替 00100-7-366376
E-mail : info@wave-publishers.co.jp
http://www.wave-publishers.co.jp/

印刷・製本　中央精版印刷

ISBN978-4-87290-539-7